大学写作教程

主编／梁志林 李世前 何 蓓 张艳梅

河北大学出版社

U0894414

图书在版编目（CIP）数据

大学写作教程 / 梁志林，李世前，何蓓，张艳梅主编. 一保定 ：河北大学出版社，2012.8（2021.8重印）

ISBN 978-7-5666-0199-5

Ⅰ.①大… Ⅱ.①梁… ②李… ③何… ④张… Ⅲ.①汉语一写作一高等学校一教材 Ⅳ. ①H15

中国版本图书馆CIP数据核字(2012)第182591号

大学写作教程

责任编辑：刘　婷
装帧设计：赵　谦
责任印制：常　凯

出版：河北大学出版社（保定市七一东路2666号）
经销：全国新华书店
印制：保定市北方胶印有限公司
开本：170 mm × 230 mm　1/16
字数：230 千字
印张：14.5
版次：2012年8月第1版
印次：2021年8月第3次印刷
书号：ISBN 978-7-5666-0199-5
定价：28.00 元

目　录

文学创作篇

实用文体篇

绪 论

【要点提示】

1. 写作的含义：所谓写作，就是指作者运用书面语言、能够使用多种文体和注重表现技巧来描述事物、刻画形象、表达思想和感情的能力。写作也是一种选择。

2. 写作的特征：目的性、综合性、实践性。

3. 写作的作用：为社会的进步而写作；宣泄个人情感，缓解精神压力；获取稿费，改善生活。

4. 写作的要求：能写文通字顺的文章；具有文体意识；掌握一定的表现技巧和方法。

5. 学习写作的方法：注重储备，常年积累；创新思维；多读、多思、多写；寻找写作的突破点。

提高学生的写作能力，是目前大学教育的主要任务。美国一所著名大学曾对毕业生进行调查：80％的学生认为，学校存在的主要问题，就是没有教给他们足够的写作能力。

这也是我国高等教育中存在的主要问题。

在大学写作教学中，大体分为两部分：一是写作基础理论；二是文体写作知识。基本上遵循“大体须有、定体则无”的原则。该书则将写作内容分为三个单元：一是写作基础理论。主要阐述了文章写作的主题、材料、语言、结构等基本要素。二是文学艺术创作，介绍了诗歌、小说、散文、影视剧本等四大文体的创作要点。三是对应用文体的介绍，包括部分公文文体和日常应用文体。

这里，主要就有关写作的一些具体问题，做出一些启示性的解释。

一、什么是写作

写作是一种能力。

所谓写作，就是指作者运用书面语言、能够使用多种文体和注重表现技巧来描述事物、刻画形象、表达思想和感情的能力。

在这个概念中，包含着两层意思：在形式上，一是作者使用的是书面语言，但并不排斥适当运用口语，作者应尽可能地掌握必要的词汇量和词语搭配规律；二是要了解不同文体的特点，按文体的要求去写作；三是要掌握必要的表现技巧，增强文章的艺术性。在内容上，或是记事状物，或是议论说明，都要抒发真情实感。

也可以从主体和客体两个方面来理解写作。作者是主体，写作的对象即事件、物品、人物等就是客体。写作就是主体和客体相互作用的产物，两者是密不可分的。倘若弱化任何一方，都会破坏写作的完美统一。

写作是一种选择。

写作中，围绕所表现的思想和情感，作者会主动地去选择事物，选择语言表达方式，选择技巧和文体，等等。可以说，在写作过程中，作者会有诸种选择。选择不仅是一种方法，也代表着作者的一种思想或观点。没有选择，也就没有了写作。

二、写作的特征

（一）目的性

写作的目的性，一般就指写作的主观意图——为何而写作。作者的写作既要反映作者试图写什么内容，还要体现作品所要力图表现的东西。

有三种情景。

1. 目的明确。作者对于欲写的事物和表现出的内容以及读者的反应都是清楚的。或是为了消遣，或是为了辩论，或是为了报道，或是为了宣传，或是为了评价等，都有着自己明确的目的。

2. 目的模糊。作者对于要表现的东西或力图要表现的东西，处于一种朦朦胧胧的状态，有种说不明白的感觉。大多数情况下，随着作者的写作进程，目的才清楚起来。

3. 不明目的。作者看到一种现象、事物、问题，只是要记录下来，并不想要表达什么。这种情况，读者往往有不同的理解。只有了解了当时的写作背景、心理状态，或许能明白作者真实的意图。

我们在写作时，应该具有明确的意图。这种鲜明的目的性，可以从社会和自我两方面去理解。

1. 为社会的进步而写作。在很多情况下，作者表现出极高的社会政治热情，以推动社会发展、促进精神文明为己任，通过写作去影响读者，宣扬自己的某种主张和观点。

东汉思想家王充在《论衡·佚文篇》中认为写文章应该“劝善惩恶”，而不应该“调文弄墨、为美丽而观”。

唐代大诗人白居易在《与元九书》中提出了“文章合为时而著、歌诗合为事而作”的口号。

韩愈、柳宗元等文学家都强调“文以载道”“文以明道”。

在现代发展史上，革命运动的领袖十分看重这种目的性。恩格斯就把文章的作用比作榴弹炮，他说：“你会亲眼看到每一个字的作用，看到文章怎样真正像榴弹一样地打击敌人，看到打出去的炮弹怎样爆炸。”毛泽东认为写文章做演说是“专为影响人的，是要去影响别人的思想和行动的”。

在现当代文学史上，著名文学家如巴金、老舍、孙犁、梁斌、王蒙、艾青等，都继承了中国优良的写作传统，力图通过自己的写作，反映社会上发生的一些重大事件，弘扬中华民族优良的文化和精神，起到鼓舞人心、团结奋斗，建设国家的作用。

今天一致的认识是：写作可以传达信息，形成社会舆论，可以进行社会监督，可以改善社会风气。新闻写作中要求记者是“站在船头的瞭望者”“麦田的守望者”等，其目的是十分明确的。

2. 宣泄个人情感，缓解精神压力。大多数情况下，写作只是一种个人行为。作者或者是记录一段经历，或者是描写一种事物，或者抒发一种情感。虽然没有明显的社会目的，但记录生活、表现情感，达到精神愉悦是显而易见的。

处于个人目的的写作，在心理调节上作用十分明显。他可以使激动状态下的情绪归于冷静，可以使迷惘状态下的人归于清醒。阿根廷《民族报》2010 年 1 月 3 日在《写作，一项健康的工作》中说：对陷入压力中的人来说，通过文字将内心的思想和情感宣泄出来，就“可以拨开心中的迷雾，击退内心的恐惧，铲除痛苦与悲伤的根源”。“写作这个动作本身就可以改善我们的身心健康，如果写作的内容具有一定意义，那么写作的治疗效果更加明显。科学研究显示，写作可以降低血压，促进淋巴和血液循环，进而加强人体的免疫反应，因此具有保健作用。”

3. 获取稿费，改善生活状况。写作能使人致富，这是毋庸置疑的。《哈利·波特》的作者英国女作家 J. K. 罗琳因此而坐拥亿万财产，是世界上稿费最多的作家之一。中国当代作家郑渊洁、郭敬明、韩寒等也都收入不菲。目前，社会上有许多自由撰稿人，大多都靠稿费收入生活。许多大学生，也通过写作增加个人收入，像苏州大学一名学生，大三时就挣到了一百多万元的稿费。

从另一个意义上说，获取写作报酬，也是提升写作兴趣和热情的重要动力。

（二）综合性

近几十年来的大学写作教学中，许多人试图把写作归为某个学科，例如文学、语言学，都失败了。因为写作从理论上来说是社会科学的范畴，他与文学、语言学最近，但与哲学、历史学、艺术学也有着密切的联系，甚至有时候就隶属于自然科学。20 世纪 80 年代初，全国成立了写作学会，写作独立成为一门学科。

写作综合性的特征，主要表现为文化性。因此要求作者必须有一定的文化素质。包括哲学、文学、历史学、艺术学等方面的修养。

1. 哲学素质。哲学是社会科学的最高层次，对写作有着明显的制约作用。作者不必是哲学家，但一定的哲学知识和意识是必不可少的。从目前来说，哲学可分成三个部分，中国传统哲学、西方现代哲学和马克思主义。

中国传统哲学包括儒、释、道三大家。它们在中国大地上生存了两千多年，深深地植根于中国的文化和生活中，至今仍然有一定的现实意义。一般认为，儒家思想以“仁”为核心，“礼”为行动原则，“达则兼济天下，穷则独善其身”，积极上进，适合社会的变化和发展。一些思想和方法可用于现代化的教育和管理。尤其在个人道德、社会公德培养上，具有不可替代的作用。

道家思想追求“自然、无为”，站在人生的边缘看问题。虽不乏消极因素，但其顺从自然、保护自然的意识和注重养生的思想以及辩证的方法，也有着强大的生命力。

对佛家的认识，都知道“四大皆空”。但其施善济民、普度众生的行为，追求“清凉世界”的愿望，“我不下地狱谁下地狱”的精神，对当代人净化心灵、诚心向善有着积极的意义。

在中国传统哲学的长期发展中，儒、释、道相互补充吸收，在民间形成了“三教合一”的现象。贵州省三屯乡有三教堂，三教堂有一副对联：

信儒信道信佛皆信善；
思德思名思利不思邪。

也有人认为，当代人应该“以儒养德、以道养生、以佛养心”。这对于作者修养来说，是可以借鉴的。

西方现代哲学是现代文明的产物，我们了解它，诸如存在主义、精神分析等理论，对我们认识现代人的生存状态和心理活动可能有更直接的作用。

马克思主义哲学博大精深，我们虽尽力学习难获得精髓，但其辩证唯物主义和历史唯物主义确实是最先进的哲学。倘若我们能用历史发展的观点、辩证的观点去观察事物、分析问题，就可能变得更加聪慧。

2. 文学素质。写作的成果往往是文学作品。浩如烟海的文学作品，也就成为获取写作能力的重要源泉。所以，首先要阅读世界上一流作家的作品，诸如列夫·托尔斯泰、契诃夫、巴尔扎克、雨果、狄更斯、海明威、欧亨利、马尔克斯等，其次要阅读我国的经典作品，如唐宋传奇、四大名著、三言二拍、唐诗宋词元曲等。再次就是浏览现当代的优秀作品。

所谓优秀作品，是指经过历史检验筛选出来的不朽之作。在这些作品中，我们不仅可以去了解当时的社会生活、民族风情，更主要的是能够学习到高明的写作技巧和丰富的语言及其灵活的表达方式。需要注意的是，我国每年出版各种图书 23 万种左右。如果不加选择地阅读，会浪费许多珍贵的时间。

3. 历史修养。任何事件都发生在一定的历史环境中，通过了解历史，可以更清楚地认识事件各种因素的联系及其与环境的关系，更能发现事件的真相。重要的是历史是一面镜子，可以用来观照现实。

学习历史，可以以朝代为线，围绕自己感兴趣的历史事件或历史人物阅读相关史料，逐渐积累历史知识。倘若具有丰富的历史知识，就可以增强作品思想的深度，就可以提高写作中的想象力，就更具有创造力。

4. 其他方面的修养。一个人的文化修养，不仅仅是文、史、哲，还包括地理、艺术以及科学等方面的修养。就写作的内容而言，知识构成可以不是专业的，但一定是多方面的。只要你头脑中存储的，或许就都是有用的。

（三）实践性

写作作为一种能力，必须从训练中不断掌握要点，得到提高，就像一些技能技巧运动训练一样。所以，经常从事各种文体的写作练习，就成为我们的长期或是终身的任务。

大学时期练习什么文体呢？散文最好，诗歌也是不错的选择。散文题材包罗万象，人物、事件、事物及天上人间、过去未来都可以写，形式也灵活多变，可长可短。更主要的是它能使你保持写作的兴趣，培养写作的热情，时常体会到一种成就感。再如诗歌精短，可以随时随地吟咏，发挥自己的联想和想象，培养艺术感和创造力。

三、写作的要求

这里的要求，只是针对学习写作而言，从艺术创作来说，其要求当更高。

（一）能写文通字顺的文章

文通字顺，是指能够运用规范的语言清楚地表达思想和情感，没有语法和逻辑上的错误。这是一个大众化的要求，能达到这一标准的可以说成千上万。但要更上一层楼，即在规范化的前提下，能艺术地、恰当地传达信息、抒发情感，就成为"凤毛麟角"了。而后者才是现代社会紧缺的人才。

（二）具有文体意识

现代文体可以划分为两大类：实用写作类和艺术创作类。

实用写作类主要分为三种：新闻文体、公文文体、日常应用文体。

艺术创作类主要分为四种：诗歌、小说、散文、戏剧影视剧本。

在每一种类别下，可以具体分为多种文体。新闻文体可分为消息、通讯、评论等。消息可分为动态消息、简讯、评述性消息、综合消息等。诗歌可分为古诗和现代自由诗。古诗可分为诗、词、曲。诗又可为古体诗和近体诗（格律诗）等。

具有文体意识，就是指写什么就像什么。不能把通讯写成小说，也不能把小说写成通讯。人们在长期写作实践中，总结出了各种文体的特点，使每一种文体都有与其他文体区别的明显标志，都有与它相适应的表达技巧和传播空间。

需要注意的是，文体会随着时代的变化而变化，有的会消亡，有的会新生。如“杂文”是 20 世纪 30 年代产生的文体，“博客”“微博”就是当今产生的、影响广泛的日常应用文了。

（三）掌握一定的表现技巧和方法

技巧和方法，带有工具的性质，人人可以掌握，人人可以使用。每一种文体都有常用的方法和技巧。掌握并使用它，不仅可以使作者少走弯路，而且使作者在描述事物、传达感情上更生动准确，更富有感染力。每一位作者，也有自己习惯的方法和技巧。如欧亨利结构小说的方法，契诃夫构思小说的方法，杨朔、秦牧写作散文的方法，徐志摩、顾城写作诗歌的方法等。

四、怎样学习写作

学习写作，没有固定的模式。大多指导方法也是经验而谈。下面提到的几点，也仅仅是引导和启示而已。

（一）注重储备，常年积累

1. 积累生活。生活是写作的源泉。没有生活积累，文章就会空洞无物、矫揉造作。积累的方法就是在生活中细致观察。通过观察，将自己发现的各种各样的人、新鲜有趣的事、百变新奇的物、过程和经历、全貌或片段，曲折的情节、丰富的细节等记录储备起来，以备写作之需。如给同宿舍的同学立传，给自己的父母立传，将春天的脚步、秋天的进程记下来，将喜欢的草木昆虫记下来，将同学欢闹的场面记下来，等等。我们喜欢阅读的布封的《昆虫记》，应该就是作者细致观察、积累生活的巨大成果。

2. 积累情感。情感是艺术作品中主要的表现对象，是写作的核心内容。也是现实生活中无时不在、无处不显的生命特征。但由于他的“抽象性”的特点，给写作带来了很大的困难。

所谓情感的抽象性，是指人和动物的喜怒哀乐，都必须通过表情、语言、形体、动作表现出来。在文章中需通过记叙、描写、议论、说明表现出来。如用语言去描写“笑”这种快乐的情感，就要看是什么类别、性质的笑。据说常出现的笑有三十多种。要写得真实形象，就要靠不断观察去加以区别。另外，笑还是一种心理活动的表现，掌握其共性和个性特征，就更要通过积累加以细致比较和区分了。

3. 积累词语。丰富的词语利于各种文体的写作。不能想象，少得可怜的几个词就能描绘丰满的形象、叙述曲折的情节、表达缜密的思想。原因很简单，作者使用词语的过程，就是选择的过程，选择的基数越大，选到的就会越精确。法国作家福楼拜曾对莫泊桑说：“我们无论描写什么事物，要说明它，只有一个名词；要表示它的行为，只有一个动词；要区别它的性质，只有一个形容词。我们必须不断地推敲，直到获得这个名词、动词、形容词为止。不能老是满足于差不多，不能逃避困难，用类似的语句去敷衍了事。”要找出这个唯一的名词、动词、形容词，如果没有积累，岂不成为天方夜谭？

需要注意的是，积累词语需要用手写下来、用心记下来，还要寻找时机在文章中用上去。而不是简单的电脑键盘操作。这一点主要和汉字的构成特点有关系。汉字本身的形象性和产生的词语联系及其联想，是需要手记心想的。

不断积累词汇的人，写作时所需的词语会蜂拥到笔下，从而产生“妙笔生花”的景象。

词语的来源，主要是古代的经典作品和现当代的经典作品。如诵读诗经、阅读论语，就会感到许多词语不仅活在我们的日常生活中，而且具有现代词语无法替代的作用。其次是现代生活中不断产生的新的语汇，包括一些方言、网络用语。只是在使用中，要注意语言规范化的特点。

4. 积累技巧。要使文章写作具有艺术匠心，就必须掌握相应的技巧。技巧，是增强文章艺术魅力的必备手段。

在写作的过程中，从搜集素材开始到完成文稿，每一个阶段都有一些技巧。如积累材料阶段观察的方法、调查的方法、鉴别的方法；写作阶段的语言组合技巧、结构布局技巧，表现方法中的叙述、描写、抒情等技巧。每一种文体又有一些独立的技巧。如戏剧剧本中的话剧和歌剧就截然不同；小说中的纯小说和通俗小说就有雅俗之别；古诗词和当代新诗大相径庭。具体到同类作品，也会有所区别。如茅盾分析《三国演义》，认为结构上具有“网”的特点，而《水浒传》就具有“环环相扣”的特点。

技巧是一个一个积累起来的。积累得越多，选择的空间就越大。写文章用技巧多了，形成习惯，自己还会去创造技巧。有时可能会形成“绝技”，成为文章的一大亮点。

（二）创新思维

思维是一种科学。我们习惯的有单向思维、辩证思维、发散思维等。从写作上来说，我们还可以引进“全新思维”概念。

美国人丹尼尔·平克在其所著的《全新思维》中，认为信息时代主要是左脑思维，进入概念时代后相对滞后，应当辅助以右脑思维，从而形成六种高感性的能力：设计感、故事感、交响能力、共情能力、娱乐感、探寻意义。

右脑思维明显的特征就是常说的“形象思维”，因此对写作的意义十分重大。最简单的训练方法，就是有意识地锻炼自己讲故事的能力，学会和善于运用比喻，培养自己的娱乐性、幽默感。

全新思维包括我们说的灵感思维。灵感思维不是天生的，同样可以从训练中获得。如经常分析、发现自己的潜意识，做想象和联想练习、经常写写诗歌等。

思维也是一种方法。不同的思维模式有不同的思维方法。适时、适地运用正确的思维方法，可以收到事半功倍的奇效。

创新思维是主导21世纪的思维方法。掌握创新思维的特点、步骤、作用等，对我们有直接的重要的影响。

（三）多读、多思、多写

1. 多读。是指从提高写作的角度，去阅读一些经典著作，不只是去了解作品的内容，还要去了解作者具体用到的表现方法。如《红楼梦》中刘姥姥二进大观园赴宴“笑”的场面描写，生动地揭示了人物的性格特点。《水浒传》中鲁智深、武松、林冲等人物的形象塑造，也显示了丰富多样的描写方法，突出了人物的性格。当今的一些流行作品，如《狼图腾》《亮剑》《达·芬奇密码》等，也有供我们借鉴之处。有的人认为武侠小说没有大的社会意义，但从写作的角度看，其编制曲折的情节、描写紧张的场面和奇特的对话，对我们仍然有很大的启示作用。

读的方法有两种。一种是浏览。就是了解大致的内容和表现手段，不做细致地分析。增强"类"的感觉和认识。一种是精读。就是对作品浏览之后，回过头来根据记忆再对作品某些章节片段进行鉴赏。好的比喻、好的词语、好的段落可以记下来，好的表现技巧可以找出来，供自己以后学习模仿。

多读对提高写作能力效果十分明显。就像谚语所说："熟读唐诗三百首，不会写诗也会吟。"

2. 多思。就是指对身边发生的事或社会上的一些重大事件、焦点事件进行思考，对身边人的行为、状态进行思考。不仅仅探讨事件的过程、原因、背景和人物的性格特点，还要考虑：假如我以某种文体进行写作，应该把重点放在何处，选择哪些典型材料，哪些要略写和不写，怎样开头和结尾，用什么样的语言风格等。另外的一种思考，就是围绕一些范本思考一些问题。

总之，从写作的角度思考，成为有心人，自然就有能力"更上一层楼"。

3. 多写。写作实践性的特征决定学习写作必须从实践入手。因为词语的选择和技巧的灵活使用，主要是通过写作实践熟悉和掌握的。不能梦想有一支笔，不加练习就写出好文章。

练习写作的方法有两种：一是片段练习。写一个人物肖像、写一个踢足球场面、写一段多人对话，是单一技巧的训练。一是文体训练，也是系统训练。主要是选择自己喜欢的一种文体或几种文体，不断地反复实践，从中掌握文体特征和适应文体的写作技巧。

写作练习，写日记是常用的方法。需要变通的是，最好采用散文的形式，每篇日记都要考虑开头结尾、过渡照应等技巧。写回忆录也是可行的。如写自己的童年，写自己的中学生活、写父母、写老师等。还可以写一些较短的文学作品，如小小说、童话、诗歌等。诗歌写作是十分便捷的训练方式，需要克服“写诗难”的思想障碍。原则上说，每个人都是诗人。

熟悉的内容配上喜欢的形式，可以极大提高自由写作的积极性。写得多了、熟了，自然就进入了写作的自由王国。

（四）寻找写作的突破点

写作训练，不可能一下子全方位地提高，而是要根据自己的实际情况，找到一点进行突破。如自己编织情节的能力差，就不妨多做武侠、侦探小说的创作联系；逻辑思维不强，就多做一些时评、杂文的写作；抒情缺少激情，就多写一些诗歌，特别是朗诵诗歌、歌词等。

从另一个意义上说，每个人都有自己的亮点。要知道自己的亮点，加强训练，不断突破创新，从而成为自己的特色。

总之，写作是辛苦的，也是快乐的。

在学习写作中，我们没必要非当一个作家不可，但当一个“写作高手”是必须的。因为我们未来从事的职业，如政企文秘、新闻采写、企划宣传、艺术设计等，都离不开具有创新意识的高质量的写作。

只有高质量的写作，才能成为不朽之作。古人将“立德、立功、立言”称为三不朽，显示出古代文人的一种追求，自然也是今天文人的追求。

写作也是一门学问，而且是一等的学问。我们以王国维的一段话作为结束，以此共勉。

王国维在《人间词话》中说：“古今之成大事业、大学问者，必经过三种之境界：‘昨夜西风凋碧树，独上高楼，望尽天涯路’，此第一境也。‘衣带渐宽终不悔，为伊消得人憔悴’，此第二境也。‘众里寻他千百度，蓦然回首，那人却在，灯火阑珊处’，此第三境也。”

到达第三境界，就是一个高度自由而快乐的写作境界。

【思考练习】

1. 谈谈文化修养在写作中的作用。
2. 写作为什么要有文体意识？
3. 总结自己的写作经验，寻找进一步提高能力的突破点。
4. 从提高写作能力入手，列出自己未来两年的阅读书目。

基础理论篇

文章写作是一个系统工程，每一个部分都是相互联系的，犹如人的身体一样，“情志为神明，事义为骨髓，词采为肌肤，宫商为声气。”之所以将文章分成几个部分，主要是便于对文章的认识和写作过程的了解。

文章的主题、材料、结构、语言、表达方式习惯上称为文章写作的要素。通过对这些要素的分析和研究，就形成了写作的基础理论。

在这部分的学习中，要加强对经典文章要素及其关系的分析，并将单项训练和综合训练结合起来，提高写作的认知和能力。

第一章　主　题

【要点提示】

1. 主题的概念：主题是作者在反映生活现象，发表见解主张或者说明问题时，通过文章内容表现出来的基本思想、基本观点或基本意图。

2. 理解主题在文章中的核心地位和统帅作用。

3. 理解掌握确立主题的要求。

4. 理解掌握提炼主题需要注意的问题。

主题是文章的灵魂，是文章的统帅。选择材料，谋篇布局，遣词造句，技巧使用，无一不是在主题的统领下进行的，无一不是为主题服务的。所以，王夫之在《夕堂永日绪论》中说："无论诗歌与长行文字，俱以意为主。意犹帅也。无帅之兵，谓之乌合。李杜之所以称为大家者，无意之诗，十不得一二也。烟云泉石，花鸟苔林，金铺锦帐，寓意则灵。"充分说明了主题在诗文中的主导意义和作用。

第一节　主题的概念和属性

一、主题的概念

（一）主题的含义

主题是作者在反映生活现象，发表见解主张或者说明问题时，通过文章内容表现出来的基本思想、基本观点或基本意图。主题是整个文章内容的核心。它反映了作者对所表现的客观事物的基本认识和理解，或者反映作者对事物的基本评价和观点。

（二）与主题相关的概念

1. 意与立意

在中国古代，没有主题这一概念，但与之意思相当的概念古人称之为意。例如，“一意到底”“意多乱文”等说法，同时与之相关，人们把确立主题称为立意。另外，像主旨、主脑等概念，也都是古人对主题的称谓。

2. 主题思想、中心思想和中心论点的概念

主题这一概念是针对整个写作普遍适用的统称。另外，在不同的文体中，对主题还有另外的叫法。在文学作品中，主题往往称为“主题”或“主题思想”；而在一般性文章的写作或教学过程中人们往往称之为“中心思想”；在议论性文体中，人们往往称之为中心论点。

3. 主题与标题

标题，是标明文章题目的，是文章的名称。他与主题不同，但二者又不是互不相干，而是存在一定的联系。

第一，很多标题是以对主题的概括来命名的。这类标题以议论文为多。

第二，暗示或间接表明主题的标题。这种标题形式多见于文学作品或带有强烈文学色彩的文章，如《暴风骤雨》《亮剑》等。

文章的标题在文章中具有重要地位。就像商店、饭馆的名称一样，一个好的名称，会给人带来愉悦、新奇的审美感。我们从鲁迅杂文的标题中可以得到某些启示。

另外，有许多文章是命题作文，如公文写作、申论写作、演讲词的写作等。这类文章，就要很好地审题。在把握住文章主题的基础上，去安排开头提出的问题，亮出观点；再安排问题的展开，从各种角度加以论证，最后得出结论。而不可不审题目，写出跑题、偏题的文章来。

二、主题的属性

（一）主题具有客观性

主题是从作者占有的材料中提炼出来的，材料是提炼主题的基础和依据。而材料具有客观性，因而主题的提炼必然会受到材料的制约而具有客

观性。因为主题具有客观性，所以我们在提炼主题时，必须从材料出发，而不能脱离材料随心所欲地凭空想象主题。

（二）主题具有主观性

虽然主题具有客观性，主题的提炼受到材料的制约，但是主题的提炼又必然受到作者生活经历、知识水平，思想观念、世界观等主观因素的影响。因此主题又具有主观性。

虽然主题来源于生活，是从材料提炼而来，是对材料和生活的反映，但这种反映显然又不是原封不动地纯客观反映，而是受到作者思想观念，生活阅历等主观因素的影响，是一种能动的反映。面对同样的材料，不同的作者，生活经历不同，思想观念不同，得出的主题也必然会有所不同。

（三）主题具有时代性

主题从材料中提炼得来，而材料难免会受到当时社会生活的影响，所以材料本身就具有时代特点。同时，主题又必然会受到作者生活经历、思想观念等主观因素的影响，作者的生活经历和思想观念也必然会受到时代的影响。所以，主题也必然会带有时代色彩而具有时代性。

好的作品的主题往往都带有浓郁的时代特色。正是因为盛唐繁荣昌盛的时代特色，才有了李白作品天马行空、飘逸不群的精神风貌。同样，正是因为经历了安史之乱的战乱纷杂，民不聊生，也才有了杜甫作品忧国忧民的伟大情怀。正是近代军阀割据、内忧外患的社会时代，才产生了鲁迅作品针砭时弊、匕首般犀利的杂文评论。

第二节　确立主题的要求

一、主题要正确

写作时，文章主题的正确是指文章所表现的思想观点要符合客观实际，是对现实生活的真实反映，能够准确地揭示客观事物的本质和规律。同时，文章主题的正确还包括，所表现的情感或意图应该是健康的、向上的、有意义的，能够引导人们积极向上，正确地认识客观世界，而不是使人颓废、消极的，主题要符合正常的情理和道德规范。

主题的正确针对不同的文体，有不同的表现。文学作品，比如小说、诗歌，主题的正确是指要求作品应该表现正确的思想、健康的情感或者通过艺术形象向人们传递真善美，引导人们积极向上。而新闻类文体，主题的正确是指，作品主题必须真实地反映客观事实，而不能弄虚作假，歪曲事实。而应用性文体主题的正确是指文章主题能够准确地反映现实生活中遇到的问题和情况，并且有针对性地提出相应的对策或者解决措施。

正确，是确立主题的基本要求。在写作时，对于主题的确立，首先必须保证主题的正确才能谈得上其他方面。而对于作者来说能不能确立正确的主题，关键在于作者平时多注意提高自己的思想水平和认识问题、分析问题的能力。

二、主题要深刻

确立主题的要求，仅仅做到主题正确是远远不够的，主题正确仅仅是最基本的要求。在此基础上还要进一步做到主题深刻。

主题的深刻，是针对文章主题表现出来的对客观世界的认识深度而言的。也就是说，在我们确立文章主题时，要注意不能仅仅发现问题的表面现象，而应该透过现象看本质，揭示事物的内部规律，发现问题的本质。只有这样的主题才是深刻的主题。

比如吴敬梓的名著《儒林外史》主题之一就是揭示科举制度的罪恶，通过科举制度下，社会上各式各样的人情冷暖，以及可怜又可鄙的丑态，揭示科举制度对人性的扭曲。这样的主题，在我们今天看来似乎并不是特别深刻，因为人们大多都知道科举制度的弊端。但在当时的社会背景下，人们普遍醉心于科举。即使少数反对科举的人，也大多仅仅看到科举制度下一些有才之士未能考中，认为考试不公平。这些人仅仅发现了科举考试存在不公正这一问题的表面现象，而未能透过现象看到本质，看到科举制度本身存在的巨大弊端。吴敬梓则能够在这种背景下看到科举问题的本质，在于科举制度本身的弊端，在于它对人们心灵的毒害，对人性的扭曲，这就是做到了主题深刻。所以，主题的深刻就在于见人之所未见，发人所之未发，透过表面现象发现问题的本质。

主题深刻在不同文体中，表现出来也各有不同。首先，文学性文体中小说在于通过塑造典型的人物形象来反映社会状况或者给读者以启示和感动，小说的主题深刻就在于能够塑造典型的艺术形象。诗歌往往重在以情感人，所以诗歌的主题深刻就在于表达出真挚动人的情感。其次，非文学性文体中，议论性文体重在表达作者对问题的见解和评论，所以，议论性文体主题的深刻就在于能够通过作者对问题的透彻分析，发现问题的本质，提出独到的见解和评论。而应用性文体目的在于解决现实生活中的实际问题，所以应用性文体主题的深刻就在于能够在分析问题的基础上提出好的解决问题的方法和对策。

三、主题要鲜明

文章主题的鲜明是指文章中作者的态度要明确，赞成什么，反对什么，要有鲜明的倾向性。观点要明确不能含糊。

主题的鲜明是针对不同的文体而言的，对非文学性文体，特别是政论文、新闻评论和应用性文体必须要求主题鲜明。因为，政论文和新闻评论这类文体，作者的目的就是表明对某类问题或现象的看法、主张，所以必须旗帜鲜明地表明自己的立场。而应用性文体目的在于解决生活中的实际问题，所以对问题的看法也必须明确，提出自己的解决办法。只有这样，读者读了以后才知道应该怎么施行。反之，如果应用性文体态度含糊，读者读了以后也会无所适从。

而对于文学性文体，则不要求主题鲜明。比如诗歌，一部分诗歌成为优秀作品的原因就在于它含蓄而让人回味无穷的韵味。如果这类诗歌主题鲜明、直露也就失去了诗歌的韵味。而小说同样如此，对于人物的行为、立场，作者并不一定明确地表明自己的态度，而是给读者留下空间，让读者去思索、判断。这样的作品反而更有深度，更能发人深省。文学性作品不要求主题鲜明，这与它的审美特性有关。非文学作品其写作目的很大程度在于其实用性，是针对或解决现实生活中的实际问题，所以应该主题鲜明。而文学性作品，其目的往往在于审美性并非针对具体的现实问题。因此读者在阅读文学性作品时，出于审美性的需要，并不希望主题过于直露。若通过读者自己的思索品味再思而得之的话，才更有审美的愉悦与快感。所以，文学性作品并不要求主题鲜明。

四、主题要集中

主题集中是指文章的主题应该做到一文一意即一篇文章只能有一个主

题。主题作为文章表达出来的基本观点，基本思想，必须统领各个层次、段落所表达出来的思想、观点。即各个层次、段落可以表达自己的思想，但是各个层次、段落所表达的观点、思想都应该集中指向文章的主题这一中心观点和思想。

也就是说，主题必须单一、明确。思想可以丰富，文章的每一段甚至每句话都应该有自己的蕴含，都可以表达出各自的思想和观点。但是这些思想和观点都是为主题服务的，必须在主题的统领之下，最后统一集中在主题之下。

和主题鲜明一样，主题集中同样是针对不同的文体而言的。非文学性文体应该做到主题集中。因为非文学文体的实用性，主题集中才能突出重点，更有针对性。尤其是一些应用性文体，比如应用文中的请示，在《国家行政机关公文处理办法》中明确规定，请示必须“一文一事”，也就是一篇请示只能请示一件事。在这类应用文中，主题集中可以说是国家法规的规定。

文学性文体的主题集中则不做要求，可以主题集中，也可以出现多主题的情形，尤其长篇作品大多是多主题。这是因为文学作品尤其是长篇作品所针对的并不是特定的社会问题或事件，所以针对各式各样的社会问题，多主题反倒更易于充分表现它们。而且文学性作品并不要求解决现实社会中的实际问题，针对这些问题，作者可以有自己多方面的思索，所以表现出来就出现多主题的情况。而读者读后又可以出现多元化的解读，这也造成了多主题的形成。

五、主题要新颖

主题的新颖，是指文章表达的思想和观点，或者作者传递出的情感或者对生活的感悟，要有新鲜感，不能简单地重复前人已经表达过的思想、观点或感悟。

要做到主题新颖可以从两个方面着手。首先，可以选择前人没有谈过的问题或事件，那么针对这些问题和事件提出的思想、观点一般都是新颖的。其次，就是针对同样的问题选择与前人不同的角度。针对同一问题，从不同的角度去分析，自然就可以得出和前人不同的观点和看法，得出不同于前人的感悟。

第三节　提炼主题

一、怎样提炼主题

1. 作者在社会生活实践中逐步思索孕育主题。主题来源于生活，作者在长期的社会生活实践中，占有了大量的原始材料。这些原始材料一开始可能是散乱无章的、缺乏有机的联系。但经过作者长时间的感知、思索，逐渐形成对这些问题的思想和观点。或者也可能忽然之间，由于某一偶然因素，触动了作者的思维，就形成了某一灵感，出现了写作的主题和思路。

2. 有了写作需要或写作问题之后，搜集相关材料，通过对材料的分析思索逐步提炼出主题。非文学性文体，尤其是新闻性文体或者公文文体大多是先有了对某一问题写作的需要，然后对此进行调查研究，对搜集到的材料进行分析，从而形成思路提炼出主题。

二、提炼主题的方法

（一）归纳法

归纳法是指作者对搜集到的材料进行全面细致地分析，进而归纳提炼出主题。这是写作时运用最多的一种提炼主题的方法。

（二）象征引申法

象征引申法是指不从材料本身的意义去归纳主题，而是从材料象征意义出发去提炼主题。这种主题与材料的本义无关，而是通过比喻、象征的手法，从材料所象征的意义出发去提炼主题，也就是所谓的托物言志。

（三）转义联想法

转义联想法同样不从材料本身的意义出发，而是通过联想，联系到与之相关的另一事物，再从这一事物的意义出发去提炼主题。在这种提炼主题的方法中，材料本身并不能表现文章的主题，而是通过作者的思维联想，联系到其他事物，最终提炼出深刻的主题。

三、提炼主题需要注意的问题

（一）提炼主题要透过现象发现事物的本质

提炼主题时要注意寻求现象背后的社会必然性。这些必然性才是能够表现事物本质和规律性的东西，只有找到这些现象背后必然的本质规律才能使主题变得深刻。社会现象本身可能并不起眼，并不引人关注和思索，但一旦揭示出它们背后的本质的必然规律，主题就有了深度，值得人们关注。

或有人说：我们遇到的都是些日常生活中的平凡小事，那有什么社会必然性？

生活中的许多现象其实都体现着一种社会的必然性，不论是平凡的还是惊天动地的，只要能挖掘出来，主题也就有了深度和力度。

（二）提炼主题要宽思路、多角度地思考问题

事物是复杂的，由多方面组成的一个整体。而从不同的侧面和角度出发去思考问题，就可能得出不同的结论。因此，在提炼主题时，应该拓宽自己的思路，尝试从不同的角度去思考问题。这样才能找到不同于前人的独特思路，提炼出与众不同、让人眼前一亮的主题。

（三）提炼主题要避免就事论事而应该寻求事件的普遍性

写作时，面对某些问题，如果仅仅是就事论事，那主题也就局限在了事件本身。反之如果能够跳出事件本身的束缚，寻找事件背后的普遍性，那么主题的意义就会大幅提升，就会更能表现某一类问题的普遍意义，更能表现事物的本质规律。

（四）提炼主题要敢于大胆地质疑和索解

提炼主题时，面对前人已有的观点和结论，要敢于大胆地质疑。由于受到某些主客观因素的影响，前人对问题的看法和结论未必正确。因此，在提炼主题时要敢于大胆提出质疑，并进行进一步的索解。只有这样才能去伪存真，在推翻前人错误观点的基础上提出自己的主题。

（五）要避免硬性拔高主题

虽然主题要求深刻、新颖，能够揭示事物的本质，但提炼主题时必须从材料出发，而不能脱离材料，弄虚作假，编造一种看似深刻，但并不是材料能够体现出的规律作为主题。因为这种硬性拔高得出的主题，是虚假的，做作的，不符合社会本来面目的。正如曹雪芹在《红楼梦》中所说，好人未必全好，坏人未必全坏。如果在写作时，为了表现好人各方面的优秀，而把他写得高大全，各个方面都毫无瑕疵，就是一种硬性拔高主题。

（六）提炼主题是随着写作的进行不断深化的过程

社会生活中的问题是复杂的，我们并不能一下子就发现他们的本质。所以在写作时，很多时候，并不是说作品初稿完成之后，文章就不再需要提炼主题，而仅仅剩下结构、语言的修改。而是说，修改文章的过程中，随着对问题认识的深入，主题也需要不断地深化，从而进一步完善。

懂得提炼主题的主要途径和方法，就是要准确把握材料的性质意义，理解时代和社会的需求，表达作者的真情实感，寻找新颖独特的切入角度，并能反复锤炼，开掘并深化。

【思考练习】

1. 选择同一题材的两部作品，阅读后思索其主题有什么不同。
2. 针对某一件事，搜集材料，然后练习从中提炼主题。
3. 针对某一件事，尝试从不同角度进行思考，提炼出至少三个主题。

第二章　材　料

【要点提示】

1. 材料的概念。材料是指作者从生活、学习和工作中搜集积累起来的一切备用的原始资料和用来提炼和表现文章主题的事实和观念。

2. 理解各种材料类别：事实材料和观念性材料；个别材料和综合性材料；历史材料和现实材料；正面材料和反面材料；原始材料和转手材料。

3. 理解材料的特点及其对写作的作用。

4. 掌握“观察”“体验”“调查”“检索”等几种取材的方法。

5. 理解并掌握选材的原则和注意事项。

材料是写文章的物质基础。没有材料或材料不充分，文章就会空洞或偏颇。只有获得丰富翔实准确的材料，写起文章来才会左右逢源，得心应手。就像一位作家所说：“写是不难的，拿起笔，沾上墨水，把头脑中的东西写出来就行了。关键是什么东西跑进你的脑子里。”

材料运用是一个包括搜集、整理、选择的过程。

第一节　材料的概念、分类和作用

一、材料的概念

（一）材料

材料是指作者从生活、学习和工作中搜集积累起来的一切备用的原始资料和用来提炼和表现文章主题的事实和观念。它可以是事实现象的，也可以是理论依据或各种数据。

材料的概念比较广泛，可以是为了某种特定的写作目的有意识搜集获得的，也可以是生活中无意间积累起来的。另外，它既可以是写入文章之中用来表现文章主题的，也可以是仅在构思时闪现而在动笔前或动笔时舍弃的资料。

材料涉及的对象也非常宽泛。它可以是我们生活中遇到的人和事，也可以是从历史资料中发现的人和事。它可以是我们游览时发现的自然景物，也可以是我们读书时读到的理论知识，还可以是我们感受到的情感。

（二）素材和题材

1. 素材

也称作原始材料或原型材料，是指作者在长期的社会生活实践中从现实生活中有意或无意积累起来的，尚未经过加工处理，还没有写进文章中的原始生活材料。素材因为是未经过加工、提炼、选择、整理的材料，因而一般比较分散、杂乱，还处于原始状态，具有杂乱无章、原始感性的特点。

素材往往留存在作者的记忆中或者是笔记本等载体中。它与作者的生活经历密切相关，有什么样的经历，积累了什么样的素材，也才更容易成为什么题材类型的作家。比如，没有农村生活的经历，没有这类素材的积累很难成为农村题材的作家；而有了军旅生活的经历，就更容易成为军旅题材的作家。

2. 题材

题材有广义和狭义之分，广义的题材是指作品反映和描写的领域。如，农村题材、城市题材、爱情题材、历史题材、军旅题材等等。

狭义的题材是指作者从素材中选择出来的，已经或者将要被作者写入文章中的，用来表现文章主题的具体生活材料。

3. 素材和题材的关系

素材是题材的基础，题材是从素材中加工、提炼出来的。反之，题材则是素材的升华，素材只有经过加工、提炼成为写入文章中的题材，才能为表现文章主题发挥其作用。

二、材料的分类

材料的种类有很多，按照不同的分类标准可以划分成不同的类别。

（一）按照材料的特点划分，可以分为事实性材料和观念性材料

1. 事实性材料

事实性材料是指现实中或者过去客观存在的具体事物，或者由书本等提供的具体数据，例如人物、场景、事件、统计数据等。

事实性材料对于写作有非常重要的作用。它既是记叙类文体所叙述人物事件的基础，同时也是议论类文体论据的重要来源，同时还是应用类文体缘由与对策的重要依据。

2. 观念性材料

观念性材料也称作理论材料，是指从社会实践中得出，又经过社会实践检验的人类思想性成果。它既包括那些经过科学实验证明的科学材料，如科学原理、定理、公式等，又包括那些人们在日常生活中公认的公理、常理和民间俗语、格言、成语以及国家的政策法规和名人名言等。

观念性材料，尤其是名人名言等，由于来源的权威性，因而具有很强的说服力，在写作时可以起到很重要的作用。而观念性材料中的政策法规，更是应用类文体写作时最重要的依据之一，不可或缺。

（二）按照材料的获得来源可以分为第一手材料和第二手材料

1. 第一手材料

第一手材料是指经本人实践或调查直接获得的材料。第一手材料大多是原始的、未经任何改动和修饰的材料。

第一手材料因为多由本人实践得来，是自己的直接见闻和体验，有自己的亲身经历、亲眼所见、亲耳所闻在里面，所以用于写作时往往可以使文章显得更加具体、生动。第一手材料因为经过本人的验证，所以用于议论类、说明类文体时又具有实证性而更具说服力。

2. 第二手材料

第二手材料是指从报刊、书本等其他方面得来，而非经本人实践或调查得来的材料。人的精力和经历都是有限的，所以不可能所有的材料都是由本人亲自经历而来。因而需要我们平时多读书，多注意积累第二手材料。

关于材料的分类还有一些，比如，按照存在的时间可以分为历史材料、现实材料，按照材料的性质可以分为正面材料、反面材料等。这些分类就不再详述。

三、材料的作用

1. 在动笔之前，广泛的原始素材是作者形成观点、提炼思想、确立主题的基础。在写作时，主题是文章的主导，而主题是从原始素材中提炼而来，所以材料是形成文章主题的基础，文章主题受材料的制约，没有材料，写作就无从谈起。

2. 在写作时，材料又是表现主题、证明观点的依据。主题要靠材料来表现，因此写作时必须有效地组织和选择材料来准确地表现主题、证明观点。没有材料主题就是空中楼阁，就失去了支撑。材料相当于文章的血肉，如果要想使文章丰满、生动，就必须有丰富的材料来作为支撑。

因而材料对于写作而言非常重要，无论是主题的确立还是表现主题都离不开材料，我们平时必须多积累材料，从而在写作时才能够材料丰富，得心应手。

第二节　搜集材料的方法

材料对于写作非常重要，文章需要丰富的材料来作为支撑，因而本节着重介绍一下搜集材料的方法。

一、观察

（一）观察的含义

观察原本是指仔细察看客观事物或客观现象的一种方法。很多人往往误认为观察就是看，实际上观察和看有着很大的不同。首先，看，一般仅仅指通过眼睛去看，而观察除了运用眼睛这一感官外，还可以是运用耳、鼻、舌、身等其他一切感官来进行。其次，看是一种感觉层面的行为，而观察是一种有目的的行为，是知觉层面的行为，它往往伴随着积极的思维活动，伴随着联想、推理、判断等思维活动。

（二）观察时应该注意的问题

1. 明确观察的目的，抓住观察重点

为了搜集材料进行的观察是一种有目的的行为，因而首先要根据要观察的目的，找准重点，然后再有的放矢，通过全面、仔细、深入地观察，这样才能使注意力更集中，观察更仔细，收获才能更大。

2. 通过观察，抓住事物的特征

特征是这个事物特有的，而其他事物没有的东西，也是这个事物区别于其他事物的关键。因此只有掌握了事物的特征，才能算是真正地认识这一事物。因而，我们在观察时，无论是观察人还是物，都应该找出它们之间的差异，这样才能准确地抓住事物的特征。比如，如果观察某一个人，就应该着重观察他的相貌、穿着、动作、语言等方面和其他人的差异，找到他的特征。

3. 按照顺序进行观察，有条不紊

虽然我们观察事物的关键是找到并抓往事物的特征，但事物大多是复杂的，多方面的。因而在观察时，我们就应该根据事物的具体情况，按照一定的顺序，对事物有目的、有步骤地进行全面而又细致地观察。只有这样，才能真正抓住事物的特征，观察到事物的本质。观察时，根据事物的具体特点，可以选择不同的顺序，比如观察按时间顺序发展的事物，就可以采取按时间顺序观察的方法，如日出、日落等事物就有明显的时间发展过程，对此我们就应该按照时间顺序进行观察。而对具有一定空间顺序特征的事物，我们就应该按照空间顺序来进行观察，如像故宫、颐和园等建筑景物类事物，我们就可以按照空间顺序进行观察。

4. 观察要全面细致

因为事物是复杂的多方面的，所以我们观察时也必须全面、细致，注意观察事物的各个方面。比如一个事物包括颜色、质地、材料、形状、质量、声音、用途等各个方面，所以对它进行观察时就应该对事物的这些方面进行全面、细致地观察，从而全面掌握事物的特征。

5. 注意观察的角度

同样，因为事物是多方面的，因此从不同的角度观察事物，得到的结论可能不一样。因此，我们在观察时，也应该根据观察的目的不同选择不同的角度，或者从多个角度进行观察，综合得出结论。宋代文学家苏轼在我们非常熟悉的诗歌《题西林壁》一诗中这样写道："横看成岭侧成峰，远近高低各不同。"也就是说：从正面看，庐山是连绵起伏的山岭；从侧面看，它是陡峭高耸的山峰。而从远处、近处、高处、低处看，庐山的姿态又各不相同。这两句诗正是观察角度对观察影响的最好写照。

6. 边看边思索，展开联想

观察和看的重要区别就在于观察是伴随着人们的推理、判断等思维活动的。因而，要想观察到事物的本质特征，必须在看的基础上展开联想，并进行推理、判断。只有在看到表面现象的同时展开这些思维活动，才能真正观察到事物的本质。

总之，只有注意到这些问题并仔细观察，才能运用好观察这种方法，搜集到更多、更丰富的材料。

二、体验

（一）体验的概念

体验是指作者通过实践的方式，通过各种感觉器官来认识和感受周围的事物，是一种富有情感和个性的活动。

体验与经历不同，体验虽然来自于经历，但又高于经历。经历重在认识的客体，是处于感知层面的，而体验虽然以经历为基础，但却是对经历的升华。体验重在主观，是在感知客体的基础上，加上情感、思维等各种心理因素，去更深刻地感受和认识事物，对客体进行更深刻地理性认识，或者从中得到自己的情感感受。

（二）体验的特点

1. 情感的亲历性

体验是作者通过亲身实践的方式来认识和感受周围的事物，从中感受其情感体验或者更深刻地认识事物，所以体验具有亲历性。只有在亲身经历的基础上得出的认识和情感才深刻。正如宋代诗人陆游在《冬夜读书示子聿》一诗中所说，"纸上得来终觉浅，绝知此事要躬行"。

2. 体验的情感性

体验往往与情感联系在一起。在作者实践的过程中，外界客观事物在作者的心理活动中引起刺激和反映，与作者原有的经历、感受等互相作用，从而引起作者的喜爱和厌恶、欢乐和忧愁、肯定和否定等情感活动。

因为不同的人原有的经历和情感感受不同，所以即使面对同一事物或同一事件，所得出的体验也各不相同。

（三）体验的作用

1. 积累写作素材。只有多参加各种实践活动，才能获得各种体验，为写作积累丰富的素材，在以后的写作过程中才能厚积薄发。

2. 产生创作情感和创作思维从而引发创作冲动。体验时往往会得到独特的情感感受和对事物的更理性、深刻的认识，从而产生创作欲望，引发创作冲动。

三、调查采访

（一）调查采访的概念

调查，是人们为了了解客观实际情况而对客观事物进行详细考察和研究从而获取材料的方法。采访，就是采集访问，是人们为了获取材料而进行的一种比较特殊的调查方法，现在多指传记作家的访谈或是新闻记者为了获取新闻材料了解新闻事件而进行的调查活动。

（二）常用的调查采访的方法

1. 访谈法

（1）访谈法的概念

访谈法，就是调查采访者通过与受访者口头交谈、口头调查来了解情况、获取资料的方法。访谈法不仅是新闻从业人员获取信息资料的重要方法，也是其他写作或者科学研究获取资料的重要方法。

（2）访谈法的分类

访谈法根据与受访者交流方式的差别又可以分为直接访谈和间接访谈，另外根据访谈对象数量的不同又可以分成个别访谈法和集体访谈法两种。个别访谈法，是指调查采访者与单个访谈对象进行交谈访问，从而获取信息的方法。集体访谈法，是指调查采访者与两个以上的访谈对象进行交谈访问，从而获取信息的方法，集体访谈法多采用座谈会的形式。

（3）采用访谈法时需要注意的问题

先要做好访谈前的准备工作。在访谈前先要充分了解访谈对象的相关情况，这样在访谈时才能有的放矢，在有限的时间内获取需要的信息。比如，在采访某人前，先应该了解其出身、背景、经历、爱好、习惯等，这样做好充分的准备工作在采访时才更容易获取需要的信息。同时还要预先设计好访谈提纲。在访谈前，先要明确访谈的目的和所要获取的信息，然后有针对性地设计好访谈的问题和访谈的重点。

尊重访谈对象。无论访谈对象的身份高低，在访谈时都应该充分尊重对方，这样才能使访谈对象更好地配合访谈，从而获取真实的、有价值的信息材料。

艺术地控制访谈进程。在访谈过程中，要根据访谈对象和实际情况，选择合适的访谈方式和访谈内容，对访谈过程进行调节和控制。同时还要根据访谈对象和实际情况，控制自己的动作和表情，使之利于访谈的进行。

做好访谈记录。在访谈结束后还要及时做好访谈记录和相关资料的整理工作，以防遗忘或丢失。

2. 问卷调查法

(1) 问卷调查法的概念

问卷调查法，简称问卷法，是指调查采访者以书面提问的方式，采用统一设计的问卷对特定的调查对象进行调查，了解他们对某一现象或问题的看法和意见，从而了解情况或征询意见的方法。

(2) 问卷调查法的分类

问卷调查按照问卷填答者的不同，可以分为自填式问卷调查和代填式问卷调查。自填式问卷调查是指问卷由被调查者自行填写，而代填式问卷调查是指问卷在调查者向被调查者提问后，由调查者根据被调查者回答进行填写。

问卷调查按照与被调查者访问方式的不同又可以分为访问问卷调查和电话问卷调查。问卷调查按照问题回答方式的不同又可以分为开放式问卷、封闭式问卷和混合式问卷三种形式。开放式问卷是指问卷中的问题不提供备选答案，而由被调查者自由作答。封闭式问卷是指问卷中的问题，将可能出现的答案一一列出，被调查者只能从中选择一项或几项答案进行作答。混合式问卷顾名思义即问卷中既有开放式问题也有封闭式问题。

(3) 问卷调查法需要注意的问题

第一，要选择合适的调查对象。调查对象的文化程度，对问题的了解程度以及理解力，和对问卷的配合态度都会对问卷效果产生重要影响。

第二，问卷设计应该尽量选择调查对象感兴趣的问题，充分调动调查对象的积极性，这样才能提高调查对象作答的意愿。

第三，要选择合适的问卷调查方式。只有选择合适的问卷调查方式，问卷的回复率才高，才能取得较好的问卷调查效果。

四、阅读

观察、体验、调查采访等方式都是获取第一手材料的方法，但人的精力是有限的，不可能所有的材料都亲自去做，获取第一手材料，而大量的第二手材料对于写作同样非常重要。阅读就是获取第二手材料的重要方法。对于收集材料而言，既可以进行没有明确目的的阅读以积累素材，也可以为了获取特定材料而进行有针对性的阅读。

阅读需要注意的问题。

第一，选择合适的阅读对象。人的时间和精力是有限的，而知识却是无限的，所以漫无目的地阅读收获可能不大。因此在阅读时应该根据自己的目的、兴趣等选择合适的阅读对象。

第二，泛读和精读相结合。泛读也称作浏览，就是对阅读对象进行大略通读，从而获得总体印象，概括了解文章的主题、大意和主要观点等。泛读阅读速度快，有利于在短时间内获取大量信息。精读是指认真阅读书本文章等阅读对象，逐字逐句地理解内容，把握主题，并且针对自己的需要进行摘抄、批注等等，以获取需要的信息。精读一般针对特定的阅读目的来进行，有利于深入地了解阅读对象，获取所需信息。在阅读时应该根据阅读目的把泛读和精读结合起来进行。

第三节　材料的选择

在写作时，首先要搜集材料，并且应该搜集尽量丰富的材料。只有这样，在确立主题和运用材料时才有坚实的基础，才有较大的选择余地。但是在动笔写作过程中，却不是所有搜集到的材料都要写入文章中，也不是尽量多地使用材料，而是要根据文章写作的需要，对材料进行选择。这就是我们要介绍的如何选材的问题。

一、材料要与主题相统一

在写作时，主题是文章的中心和目的性的体现，是整个文章的统帅，而材料则是统帅掌管下的士兵。因此，材料必须为表现主题服务。选择材料首先就是看材料是否和主题相一致，是否能够较好地表现主题。因而，选择材料首先就要考虑它是否有利于表现主题，和表现主题关系密切的就选用，否则，和主题无关的材料，不管它是否生动，作者是否喜欢，都必须舍弃。

鲁迅在介绍自己的创作经验时，曾这样说过：

……自然，在这中间，也不免夹杂些将旧社会的病根暴露出来，催人留心，设法加以疗治的希望。但为达到这希望计，是必须与前驱者取同一的步调的，我于是删削些黑暗，装点些欢容，使作品比较的显出若干亮色，那就是后来集结起来的《呐喊》，一共有十四篇。

摘自《〈自选集〉自序》，《鲁迅全集》，第4卷

鲁迅在他这段话中就谈到了材料选择必须和表现主题相一致的问题。他指出自己写作《呐喊》的主题是“将旧社会的病根暴露出来，催人留心，设法加以疗治的希望”。为了表现这一主题即“为达到这希望计”，于是他在写作时，“删削些黑暗，装点些欢容，使作品比较的显出若干亮色”。也就是说删去了一些“黑暗”的材料，而选择那些“欢容”的具有“若干亮色”的材料。

二、要选择典型的材料

因为一篇文章的容量是有限的，所以在写作时不可能把所有与要表现的主题相关的材料都写进作品中。故而，只能选择那些有代表性的，有较强说服力的材料，而这样的材料就是典型材料。

典型材料一般都能够反映事物的本质特征，虽然只是单个个体，却具有广泛的代表性，能够以一当十，具有较强的说服力，很好地表现主题。

三、要选择真实的材料

在写作时，还必须选择真实的材料。在这里，所谓的材料的真实分两种情形。首先，在非文学性写作中，材料的真实是指所使用的材料必须是真人真事或者对客观事物的表现必须符合其本来面目。而且，还应该做到现象真实与本质真实相一致，局部真实与整体真实相一致。也就是说不能用个别的真实代替整体的虚假，用表面的真实代替本质的虚假。所以，在这类写作中不能使用虚假的材料，不能随意编造事实，甚至不能做一些稍微的修改。而如果使用理论材料的话，也不能随意删改，必须保证它的准确性。其次，在文学性写作中，所谓材料的真实，是指艺术真实。这时材料的真实不要求必须是真人真实，而是要求这些人或事在其逻辑上合情合理，或者表现的是作者真切的感受或者真挚的情感以及真实的意向。

四、要选择新颖的材料

写作时，所谓新颖的材料，是指那些能给人以新鲜感，使人读了耳目一新的材料。因为时代在发展变迁，所以材料也应该与时俱进，只有选择那些能够反映时代新特点、新变化的材料，才能让人通过文章了解作者要表现的客观世界。反之，总使用那些陈旧的材料，就很难反映出时代的新面貌。

选择新颖的材料可以从两个方面来注意。首先，选择新出现的或者虽然不是新出现但却是新发现的材料。这样的材料以往没人用过，一定能够让人耳目一新。其次要想使材料新颖，还可以对旧材料选择新颖的表现角度。这样，虽然材料并不是新出现或者新发现的，但由于其所表现的角度新颖，是人们写作时从来没有出现过的角度，同样可以使读者读后感觉眼前一亮，使旧材料变得新颖。

【思考练习】

1. 选择某一感兴趣的事物进行观察练习，并且写出其各方面的特点。

2. 选择某一实践活动参与其中，体验活动过程中的情感感受，谈谈对活动的认识。

3. 思考在写作实践中如何根据表达主题的需要处理好材料的取舍、详略、组合和联系等问题。

第三章　结　构

【要点提示】

1. 结构的概念：作者有目的地把分散而独立的材料，按照一定的方式，组织成一个有序的、互相联系和互相作用的有机整体的形式。它反映了文章整体与部分、部分与部分之间的相互联系，反映了作者对文章内容的改造和支配作用。

2. 结构的原则：整体性、序列化、均衡性、模式化。

3. 结构的内容：开头和结尾、过渡和照应、层次和段落、伏笔。

4. 结构的几种方法。

第一节　结构的概念和原则

一、结构的概念

文章的结构和建筑的结构含义是相同的，只是所用的材质不同，呈现的状态不同。

所谓文章的结构，是指作者有目的地把分散而独立的材料，按照一定的方式，组织成一个有序的、互相联系和互相作用的有机整体的形式。它反映了文章整体与部分、部分与部分之间的相互联系，反映了作者对文章内容的改造和支配作用。

这一概念包含了几层意思。

1. 作者搜集到的材料是分散的、无序的、独立的。犹如建房前购置的砖石、木料。

2. 作者组合材料时，必须有一个完整的构思，拟定一个大纲，犹如建房的图纸。

3. 材料经过整理分类，就可以分成文章的每一部分。

4. 文章结构反映了整体与部分之间的联系，也反映出部分和部分之间的联系。

5. 作者安排结构时是主动的，可以按照自己的写作意图安排每部分的位置。位置的变化会对内容有所影响。或强化、弱化某种意义，或直接改变意义。

文章结构也被称作谋篇布局、章法、文序等。但从写作的动态特征看，称作结构不十分准确。叫谋篇布局比较恰当，但不够精练。或许直接引进奥地利心理学家皮亚杰“建构”的概念更为精确。只是“结构”的称呼约定俗成，我们能很好地把握内涵即可。

二、结构的原则

安排文章结构时，大体需遵循四个原则。

（一）整体性

“各种结构都有自己的整体性，这个特点是不言而喻的（皮亚杰《结构主义》第一章）。”中外作家、理论家都认识到了这一点。由于人被看作最完美的整体，所以也多拿人体去比喻文章。刘勰在《文心雕龙·附会》中说：“情志为神明，事义为骨髓，词采为肌肤，宫商为声气。”从文章的主题、事理、语言、声韵等构成要素之间的有机联系阐明了文章的整体性。古罗马时期希腊学者朗加纳斯在《论崇高》第四十节说：“文章要靠布局才能达到高度的雄伟，正如人体要靠四肢五官的配合才能显得美。整体中任何一部分如果割裂开来孤立地看，是没有什么引人注意的，但是把所有各部分综合在一起，就形成一个完美的整体。”这从我们熟悉的唐诗李白的《静夜思》、贾岛的《寻隐者不遇》也能体会出来。单看一词一句，没有神奇之处。但整体感受，意境的优美就令人叫绝。可见，在建构文章中，树立整体意识是至关重要的。

理解文章的整体性需从以下六点去领会把握。

1. 整体是由部分构成的。

2. 构成整体的每一部分，不管其多么重要漂亮，其意义都属于整体意义。

3. 整体意义大于部分相加之和。大就大在整体所具有的协同功能。犹如“一只筷子容易断，十只筷子折不断”。所以把整体分拆成零散的部分后，往往都会破坏整体的完美。或衍生出多余的意义，或缺少某些意义。

4. 整体排除残缺不全。文章中该有的过渡、照应、开头、结尾等被忽略，是不容许的。

5. 整体排除多余的部分。“画蛇添足”，是费力不讨好的。

6. 整体中的每一部分，都不能随便改动位置。如果部分之间可以随便互换，就说明它们还没有找到自己的位置。

写文章要力求在整体上避免错误。歌德说：“只要你在整体的掌握上犯了错误，你的一切努力都是枉然（《歌德和艾克曼的谈话》）。”

（二）序列化

安排文章结构的过程，就是给文章部分排序的过程。所以，文章序列化的这一结构特征，也是不言而喻的。

文章写作是通过主题的思维运动去表现客观物体的。一方面，进入视线的物体本身就按照一定的顺序排列。另一方面，就是主体在认识、分析客体时，也会遵循先后的顺序，或从上到下，或从外到里等。

1. 物中有序。任何事物都按照一定的顺序将其要素组织在一起，按照事物组织的顺序去建构文章，自然而然地呈现出清晰的层次来。

按照客观事物的结构安排文章的顺序，经常出现在叙述类文体中。有三种形式。以时间发展为线安排文章结构；以空间所处位置和位置变换组织文章结构；以时间为经、空间为纬安排文章的结构。

2. 认识有序。作者在认识、分析事物时，有先后的顺序。如由表及里、由简单到复杂、由感性到理性等。这种按照认识顺序组织文章结构，常会出现在议论文中，有两种形式：递进式和并列式。

3. 主体认识和客观存在的矛盾与融合。即上两种的有效组合。作者在描绘对象、认识事物时，主观和客观往往处于矛盾之中。作者以矛盾双方的对立、转换、融合为线安排结构，就出现了一种形式：矛盾对应式。这种结构常出现在抒情类的散文和诗歌中。

安排好文章内容的顺序，理清思路是最好的方法。思路，是构造文章沿着的路线、轨迹，是作者通篇谋划的“心算”过程。在主题统领下，根据文体特点，怎样开头和结尾，内容分几部分安排，详略程度，何处过渡照应，是否用伏笔等，都要豁然在胸，使其各得其位，没有纷乱之嫌。

（三）均衡性

均衡是文章结构的主要美学特征之一。它要求作者安排文章结构时，就像注意事物结构的“黄金分割”一样，要充分考虑部分之间的比例，尽可能地达到匀称和平衡。

1. 视觉均衡。结构是可见的“物体”，因此进入人的视线时，首要的就是给人审美上的感受。

一般说来，文章的层次是逻辑上的划分，是抽象的。具象的就是表达语意的段落。段落虽然是自然停顿，但有着一目了然的“首行缩两字”的明显标志。因此段落就以“视觉形象”存在于我们的阅读之中。

匀称的段落就是指字数适当、语意明白、不长不短的段落。除一些特殊段落诸如对话段、过渡段、强调段以外，大都按照一定的方式组合句群。如为表达一个意思，句群之间或为因果式，或为并列式，或为分综式，或为两种方式的组合等。

太长或太短造成不均衡的段落会破坏视觉美感。另外，过长段落组成的文章容易造成阅读上的沉闷，过短的段落组成的文章容易造成阅读上的轻浮和零乱的感觉。如武侠作家古龙的部分作品，每段文字就两三行，虽有种跳动感，但不免有轻散之嫌。

2. 心理均衡。词句数量的均衡，只是一种表面现象。作者在写作时，也大都不受这一规则的限制。而是根据段落承载的思想情感，长短结合，形成阅读上的起伏错落之美。

这是否与均衡的原则相悖呢？

词句的多少只是数量而已，更重要的是与承载的思想感情分量相称。有的段落很长，但铺垫作用较大，意义较为单一；有的段落很短，情感意义却丰富深厚。他们虽然长短不一，在情感分量上却达到了均衡。例如鲁迅《论雷峰塔的倒掉》的结尾段，只有两个字“活该”。

法海和尚的品行经过前面的层层铺垫，已经令人厌恶不已。这时鲁迅站在旁观者的立场上，用大众十分熟悉的、表示极度愤恨的“活该”一词痛斥法海，爱憎鲜明，力有千钧。不仅使人不感到失衡，反而觉得更有艺术感染力。

心理均衡显然是一个很高的要求，也时时检验着作者的艺术匠心。也可以推而广之，将该原则用在报纸编辑和一些平面设计中。

（四）模式化

结构的模式化，是指作者在长期写作中形成的一种富有成效的、大体一致的结构形式。也是作者写作的一种习惯。

模式化是文章发展成熟、定型的标志。比如唐代刘长卿的一些结构相近的诗，当代杨朔结构雷同的一些散文，美国作家欧亨利结构类似的一些小说，形成了作家的特色。当然，一旦形成模式，作者的创造力就会受到影响。只有"百尺竿头，更进一尺"，在模式中调整、突出活的因素，创造力才会持续发展。这就像我们在语言法则的约束中不断创造个性化的语言一样。

文章结构的模式化，对文章写作的规范化、普及化有重要意义。如古代的诗词格律、明清时期的八股文，当代高度模式化了的政府公文写作、新闻写作中的倒金字塔结构等，都对某些文体的推广和普及起到了重要作用。

模式化的消极影响也是显而易见的。但不能一提模式化就和简单化、机械化相提并论。写作作为一种创造性的活动，总是在不断打破旧模式的基础上产生和发展新模式，以适应和满足社会的需要。

第二节　结构的构成因素

文章的结构，一般分为开头、主体、结尾三个部分，其中还包括一些与结构相关的因素。

一、开头和结尾

古人也将文章开头称作起笔，结尾称作收笔，并总结出许多具体方法。如起法有顺起、逆起、直起、问起、喻起等；结法有总结、分结、论结、叹结、赞结、责结、问结、答结、喻结等。

开头和结尾是文章结构的关键部分。结构的严谨、完整、美丽，多和开头结尾相联系。

（一）开头

万事开头难。文章的开头也很难。一是开头就要定准调子。根据主题的需要，开头就要安排好情感基调、语言节奏等。调子低了发挥不出水平，调子高了唱不上去；二是要选取一个合适的截点，就是从何时、何处写起。

历来文人都重视文章的开头。元代陶宗仪《南村辍耕录》引乔梦符的话说，写文章要做到“凤头、猪肚、豹尾”。凤头就是指开头就像凤凰的头一样多彩漂亮，中间就像猪的肚子一样滚圆饱满，结尾就像豹子尾巴一样响亮飞扬。近代学者林纾主张开头“当以奇句夺目，使人不忍弃之而去”。

开头的方法一般来说有两类，一类是开门见山，一类是艺术性的开头。

1. 开门见山。是指文章的起笔就直指文章的中心内容，不拐弯抹角。如叙事类的文章，开头就直接进入事件叙述，而不是从背景或相关内容写起；议论类的文章，开头就直接进入论述的问题，不靠其他材料引入。

开门见山虽然少了一些入题技巧，但照样有艺术意义。一是主题需要，理当如此；一是开门所见为“山”，就有山的或雄伟、或秀丽的气势，有“两山排闼送青来”的意象。

2. 艺术性的开头。所谓艺术性，就是使用一些技巧和方法，步步接近中心内容，增加了创造的意味。这样的开头生动形象，富有感染力。

常见的有以下几种：

（1）引用历史事件或新闻事件开头；

（2）引用典故、谚语、警句格言开头；

（3）描写一种情景、气氛开头；

（4）设问、反问式开头；

（5）用议论评价开头。

开头的方式可以有多种多样。但统一的要求是，符合文章整体的需要和读者阅读的习惯。

（二）结尾

结尾常常与开头形成呼应之势。方法有多种。

1. 卒章显志。是文章的自然收束。问题讲清楚了，事件写完了，文章也就结束了。给人干净利落的感觉。大多数文章都采用这种方法。

2. 哲理性的结尾。对文章内容进行评判和引申，用富有哲理的语言以期给人启示。

3. 号召性的结尾。针对文章内容，用号召性的语言结尾。报告中常用这种写法。

4. 激情似的结尾。用一种具有“煽情”特点的语言结尾。

现代写作中，有一种“随意写作”“无意识写作”，就不能以常规的方法去论述了。微博在大多情形下也不必考虑开头和结尾的问题，直截了当地表述就行了。

二、过渡和照应

李渔在《闲情偶寄》中说：“编戏犹如缝衣，剪碎着易，凑成着难，难在密针线。”过渡和照应，就是“密针线”的工作。它可以使文章层次更清楚、联系更紧密。

（一）过渡

过渡是文章中意义转换或方式转换的衔接部分，具有前勾后连、承上启下的作用。

一个词、一句话、一段话都可以形成过渡，意义既有上文的意思，也有下文的意思。如因此、诚然、那么、然而、综上所述等关联词语是词语过渡；欧阳修《醉翁亭记》中“醉翁之意不在酒，在乎山水之间也”，就是从写酒到写山水的一句话过渡；鲁迅《从百草园到三味书屋》中百草园到三味书屋之间的一段话，就是典型的过渡段。

过渡一般有承接和转折两种方法。承法有正承、反承、顺承、逆承、急承、缓承、分承、总承等。转法有正转、反转、喻转、急转等。

什么情况下需要过渡呢？

1. 上下文内容的意义转变时。如评论文章先写其优点，再写其不足，中间就需要过渡。

2. 表达方式改变时。如倒叙到顺序间的转换、议论与叙述的衔接等。在记叙文中，倒叙、插叙、补叙等常用到过渡；议论文中，由总到分或由分到总论述时常用到过渡；说明文中，概括说明到具体说明也用到过渡。

现代写作中，有的文章讲究跳跃，省略过渡。这从另一意义上说，如果适合主题的表达，就转变成为一种“不用过渡”的技巧了。

（二）照应

照应就是前呼后应。即前面涉及一个问题、或一个事件、或一个事物，在后面的行文中，适时进行关照、应对。

写作时，恰当地运用照应的技巧，可以使文章结构缜密严谨、显示艺术性。照应的形式有以下三种。

1. 开头和结尾照应。这是最常见的方法。给人以结构圆满、完整的感觉。

2. 正文与标题照应。这在议论文中常见，标题多是中心思想；记叙文中采用这种形式，标题常含有能揭示本质意义的人或事物。

3. 层次间前后滚动照应。上一层次的内容中提出一个问题或现象、事物，在下一层次中照应，依次循环进行。

三、层次和段落

（一）层次

层次是指文章意义的逻辑划分，是作者的思路顺序的体现。一般情况下，根据表现主题的需要，会将文章划作几个部分。如果这几个部分的思想意义符合逻辑，就达到了层次分明的要求。否则，层次就会含混不清。

在议论文中，作者的基本思路是提出问题、分析问题、解决问题。格局是先立其纲要，以纲统目，纲举目张。按照这一方法安排文章的结构，层次就不会混乱。

在记叙文中，大多以事件的发展演变过程为思路，即序幕——开始——发展——高潮——结局——尾声。具体每个阶段详略可以不同，位置也可以调整，序幕和尾声还可省略，但清晰的思路是一目了然的，层次是清楚的。

诗歌的层次大体可分为写作对象（人物、景物、事件）和感受想象两部分。如陆游的卜算子咏梅，上片是写梅花所处的独特环境，是实写；下片是对恶劣环境中梅花品格的描写，是作者的感受，是虚写。

层次大小范围由具体情境决定，有文中层次、章中层次、段中层次、句中层次等。

（二）段落

段落是文章结构的基本单位。是作者在主题的统领下，表述一种完整思想意义的自然停顿，开头一行有空两格的明显标志。

段落的意义比较单一。只要作者将某种意义说明白了，就当另起段落。一般情况下，不提倡一个段落中包含多重意义。主要是方便读者阅读、快速理解内容。

段落中有一些段落属于特殊段落。如过渡段、强调段、对话段等。

段落和层次的区别在于：层次是抽象的意义划分，段落是具体的自然停顿。一个层次可以包含多个段落。个别情况下，也有一个段落包含几个层次的现象。如毛泽东的政论文《将革命进行到底》、消息《中原我军占领南阳》等。

四、伏笔

伏笔就是指作者有目的地在读者不经意处，设置一个能引出后文话语的事物、问题等内容。

近代学者林纾在《春觉斋论文·用笔八则》中说："行文有伏笔，犹行军之设覆。""若行文之伏笔，则备后来之应必者也。故用伏笔，须在人不着意处，又当知此不是赘笔才佳。"也就是悄悄地埋伏下来，适宜时突然跃出，收到出奇制胜的效果。

杨朔《荔枝蜜》的开篇，就有一处伏笔。

说起来可笑，小时候有一回上树掐海棠花，不想叫蜜蜂蜇了一下，痛得我差点儿跌下来。大人告诉我，蜜蜂轻易不蜇人，准是误以为你要伤害它，才蜇；一蜇，它自己就耗尽了生命，也活不久了。

"也活不久了"，就是一处极具艺术匠心的伏笔。后文何时冲出来呢？是在和养蜂工人的对话中：

我想起一个问题，就问："一只蜜蜂能活多久？"

老梁说："蜂王可以活三年，工蜂最多活六个月。"

我不禁一颤：多可爱的小生灵啊！对人无所求，给人的却是极好的东西。

如果没有伏笔，杨朔的问题显得突兀，“不禁一颤”的境界也就达不到现在的高度。需要注意的是，前文埋伏一笔后，后文必须有照应“冲出”，必须收到“奇效”。

第三节　结构的技巧

结构是可见的形式，是靠材料支撑起来的。因此在各种文体中，由于材料的差异和写作目的的不同，在结构技巧上也有大的差别。如议论文中常用的归纳法、演绎法等论证方法。在叙事类作品中，除侦探小说外，用得就少一些、简单一些。而用的最多得就是判断的方法。

这里，以叙事类文章为主，介绍几种常见的结构技巧。

一、误会法

误会是生活中常有的事，反映在文章中，就成为最常见的方法。现在的小品、相声、影视中都可见到。误会法就是通过人和人的误会造成的矛盾来发展情节的。可以是一方误会另一方，也可以是双方相互误会。

误会经常发生，产生的原因大多是由于微不足道的小事。如不经意的一句话、一个动作，时间上几分钟的误差、空间位置上的小的变位等。解除误会则是一大难点，需要靠人的智慧，把握住天时、地利、人和。

二、巧合法

巧合法是指利用生活中的偶然事件来编排故事的方法。他可以把本来互不关联的任何事件，以一种独特的方式联系在一起，集中反映生活中的矛盾冲突，使作品富有戏剧效果。

“无巧不成书。”说明了巧合方法在经典作品中的广泛使用。“巧”是这种手法的关键，“合”是最终目的。要求巧得新奇，合得既在“情理之中，又出人意料”之外。

三、悬念法

悬念法是指文章的开头就设置疑团或提出问题、或摆出矛盾，以吸引读者关注。如欧亨利的小说《迷人的侧影》、莫泊桑的小说《我的叔叔于勒》。

悬念或矛盾、或问题，应该是现实生活事件的概括或提炼，有突发性和偶然性。不要单纯追求新奇，离开生活真实而蓄意制造悬念。

使用这种方法，要很好地控制打开谜底的步骤和节奏，力图收到出奇制胜的效果。另外，也常常采用连环设置悬念的方法，一个疑团解开的同时，又设下新的悬念。这在侦探小说中常见。

四、点染法

点染法是烘托渲染和点示结合起来的一种方法。大多是先染后点，就像马致远的《天净沙》一样，前几句极力渲染景象的苍凉，最后一句"断肠人在天涯"点明作者的真意。

在点染法中，染是手段，点是目的。点和染是矛盾的统一。不管如何渲染、分几层进行，都是为了点示。有明点和暗点两种。

欧亨利的《最后一片叶子》，层层渲染女画家琼娜的生命悬在一片绿叶之上。但作者真正揭示的，不仅仅是琼娜起死回生的美好结局，更重要的是老画家用生命创作的伟大作品"一片叶子"。告诉世人，真正的艺术杰作，是用生命去创作的。

五、逆转法

逆转法是把生活过程中的顺势和逆势巧妙安排，形成情节波浪起伏的一种方法。也有人将其称为"曲折翻腾"法。如美国著名的短文《猎狮》。

伊莉薇娜的弟弟佛莱特伴着她的丈夫巴布去非洲打猎。不久，她在家里接获弟弟的电报："巴布猎狮身死。——佛莱特"

伊莉薇娜悲不自胜，回电给弟弟："运其尸回家。"

三星期后，从非洲运来了一个大包裹，里面是一个狮尸。她又赶发了一个电报："狮收到。弟误，请寄回巴布尸。"

很快得到了非洲的回电："无误，巴布在狮腹内。——佛莱特"

故事三顺三逆，打猎——包裹——狮尸，收到了一波三折的效果。

六、擒纵法

擒纵法就是通过先纵后擒的方法来编写故事的。擒是抓住、擒获，纵是放开、放走。一擒一纵，欲擒故纵，显示出作者的聪慧或狡黠。

后来改编成舞台小品的付兴龙写的《信任》，就是先纵后擒的方法。人人皆知的还有《三国演义》“七擒孟获”的故事，通过诸葛亮的先纵后擒，显示了其高超的军事才能。

擒纵法虽然写的是矛盾的双方，但主导的一方总是“技高一筹”，能很好地掌控对方的行踪，预料事件的结局，从而实现“擒获”的目的。

七、抑扬法

抑是贬低，扬是抬高。抑扬法有两种形式，先抑后扬和先扬后抑。

由于人的性格的双重性，常常显示出“好”与“不好”来。因此就给抑扬法提供了广大的使用空间。如初见时感到对方温文尔雅，再接触就感到表里不符，最后则是令人生厌。按照这一步骤次序编写故事，自然就是先扬后抑了。相反由不良写到完善，就是先抑后扬了。文学作品、影视作品中常见到这种手法。

八、反常法

一般情况下，写文章追求的是顺理成章。反常法则追求逆理成章。就是作者用违背常情常理的人的动作行为，达到一个合情合理的结局。

需要注意的是，反常只是一种手段，是为升华艺术形象、突出典型性格、深化主题服务的。而不能一味追求反常，违背艺术真实的虚构情节、描绘奇特事物和场面。

九、蒙太奇法

蒙太奇（montage）在法语是“剪接”的意思，后来在俄国发展成一种电影中镜头组合的理论。借用到文学作品中，是指将几个生动的画面犹如电影镜头组合的方式连接起来，以反映生活和表现人物的性格特征。

蒙太奇法作为画面的组合，画面和画面可以是并列的，也可以是矛盾冲突的。或是对比、或是融合、或是矛盾，都会产生暗喻的意义，视觉上形成跳跃感，心理上产生紧张感。

蒙太奇的结构像“小桥流水人家”似的连接，省略了过渡，调动读者的联想与想象，因而具有很高的艺术表现力。

十、对比法

对比法就是将不同的事件、不同性格的人物等放在一个平台上去展现，突出双方的特点，显示事件的本质和人物鲜明的性格。如契诃夫的《胖子和瘦子》。

对比法在其他文体中也常用。

在长期的写作实践中，人们总结出许多结构的方法。除上述几种外，还有对话法、细节突出法、意识流法等，需要我们从学习中不断借鉴，以提高文章谋篇布局的能力。

【思考练习】

1. 怎样理解整体性的原则，具体有哪些要求？
2. 心理均衡在结构中有哪些意义？
3. 过渡和照应的作用有哪些？
4. 试用误会法或巧合法写一篇文章。

第四章　语　言

【要点提示】

1. 语言是由语音、词汇、语法构成的表情达意的符号系统。

2. 语言是表达思想感情的工具，是写文章的基本材料。它来自丰富多彩的社会生活，需要持之以恒的积累。

3. 学习语言，要努力向人民群众学习活生生的口语，活的口语是一切书面语言的源泉。同时要努力向典范作品学习。典范作品中的语言经过作家的加工，更加精炼生动，对初学写作者有深刻的启示和直接的帮助。

4. 语言学习的方法是多听、多读、多记，进行主动、创造性的运用，而防止单纯地模仿。

5. 写作语言的基本要求是：通俗易懂、准确鲜明、生动形象、简练朴实。从这个要求出发，通过运用一些技巧，增强文章的表达效果。

6. 要立志形成个人的语言风格。语言学习的方向是形成个人的语言风格。这是一个较长的学习、实践过程，也是学习语言的最终目的。

第一节　语言及语言的产生和发展

一、语言的概念、发展和作用

什么是语言？语言是由语音、词汇、语法构成的表情达意的符号系统。

在这个定义中，包含了语言的三要素和功能，强调了写作语言的符号性质。

过去人们认为，人和其他动物的重要区别，就是人类能够用语言去交流，而其他动物不能。现代科学认为，许多动物也可以用它们的语言交流。与人不同的是，人不仅能用语音交流，而且可以使用文字符号。目前在动物界，人的这种能力是独一无二的。这或许就是人与动物的巨大区别。

语言是怎样产生的？应该说是个谜。《圣经》中说语言是由上帝创造的。当初上帝造人后，天下人说的是一种话。后来由于人类齐心合力造成通天塔，侵扰了天界。上帝就把人类发放到东西南北四方。从此人们说出不同的话，心散了，也就滋生了对抗和战争。中国的神话传说说在很早以前，不会说话的人遭遇天下大旱，土地龟裂，禾苗干枯，人们饥渴难熬，在死亡线上挣扎。这时，天忽然降落大雨，雨分五色，落到地上发出金属般的声音。人们兴奋地在雨中狂奔呼叫，仰头接着天上的雨水喝下。奇迹发生了。喝下白雨的人说出一种话来，喝下黑雨的人说出另一种话来。于是，不同的语言产生了。

近代，也有人推理语言是在劳动中产生的。大家聚在一起抬一棵大树，怎么抬也抬不起来。也不知是谁有点灰心，发出“唉”的叹气声，大家也都模仿发出声来。谁知大家竟然在这一声唉叹中，力气聚在了一起。因此，前面一声“哎呛”，后面一声“哎呛”，树被抬起来了，语言也就这样产生了。

不管是神话传说还是现代推理，也不管是唯物还是唯心，都没有从科学上阐明语言产生的原理。但人类用语言传达信息则是客观的存在。

二、语言的发展

在中国历史上，语言是随着时代发展的。不同的时代，语言也呈现出不同的特点。

汉语言在先秦典籍中，许多语言保留了当时口语化的特点。唐宋以后，除去传奇故事、话本之外，文章语言基本上脱离了口语。以至于到五四运动，才使汉语言回归白话的形式。

语言的发展，也遵循着继承传统和创新的规律。根据时代发展和文明进步的要求。有的语言被保留下来，继续使用，如《论语》《诗经》及其他经典中的一些成语、典故和词汇。有的则被淘汰，如一些深奥难懂的或一些过时的词语。如“阉寺”“帮口”“红卫兵”“走资派”等。有的新增进来。如新版《现代汉语词典》收录的“粉丝”“宅男”“宅女”“边缘化”“打拼”“打理”“到位”“缺位”“和谐社会”“低保”“丁克家庭”“U 盘”“体认”“愿景”“包养”“二奶”等。一部分是外来语，一部分是大众流行语。运用这些新增语汇，可以增强时代感和生活味，但必须遵循保持民族语言纯洁性和规范性的原则。

三、语言的作用

语言是表达情意的工具。一切高明的知识，伟大的思想，深刻的哲理，丰富的感情，都要靠精当的语言表达出来。而且，世界上的一切事物，或见于微观，或见于宏观，都是能够用语言来表现的。所以，语言“不是蜜，却可以粘住一切东西……（高尔基《论剧本》）”

这是许多作家、诗人的认识。因为作诗、写文章，目的就是把自己的思想感情表现出来，得到读者的认同。如果连自己的思想情感都说不明白，也就不叫文章了。

不过。在中国历史上，一些学者就认为“言不尽意”。由于言不尽意，圣贤留下的文章大都是糟粕。因为真切的思想精华是不能用文辞表达的。他们认为读圣贤书，必须去理解文辞之后的微言大义。

隋代时，哲学家欧阳建提出了“言尽意论”。反对“言不尽意论”。从写作实践来看，虽然大多情况下可以“言尽意”，但也有“只能意会、不可言传”的情形。

第二节　语言的学习和积累

语言是劳动人民在生活实践中创造的，是“作家写作所用的基本材料”。每一个从事写作的人，只有向人民学习，从社会生活中积累丰富的语言材料，才会得心应手地写出优美动人的文章。不然，翻来覆去只是几句话、几个词，写出来也只能是干巴巴的几条筋。

所以，学习语言是从事写作的一项“基础工程”。

一、向人民群众学习活生生的口语

人民群众是语言的创造者。在改造自然和改造社会的过程中，他们创造出许许多多精炼、形象的语言。这些语言平易畅达，新鲜生动，情真意切，是书面语言的“源头”。“问渠那得清如许，为有源头活水来”。可以说，每一部伟大的作品，诸如《水浒传》《红楼梦》《创业史》以及外国名著《堂吉诃德》，等等，都吸取了群众口语的精华。塞万提斯的《堂吉诃德》，光采用群众谚语、格言，就达230多条。也可以说，每一位有成就的作家，都是学习群众语言的典范。杨朔在自己的散文作品中，就采用了大量的群众口语，如“才是昨儿，本是万里无云的晴天，可是那天，那山，那海，处处都像漫着层热雾，粘粘渍渍的，不大干净。”“正当中午，太阳有点毒（《秋风萧瑟》）。”“昨儿”“粘粘渍渍”“太阳有点毒”，都是人民群众的日常用语，通俗易懂，形象活泼，表现力极强。

鲁迅先生不仅主张“博采口语”，而且身体力行，在作品中保留了大量的群众语言的精华。

向人民群众学习语言，就是要学习群众语言中的语汇、成语、谚语、俗语以及语法、修辞等。它既丰富我们的语汇，又教会我们用字节省，使语言精练形象，还给我们许多有益的启示，开拓我们的思路。

像经过人民千锤百炼出来的谚语，用三五个字，一两句话，就能说出精深的道理、丰富的经验及深刻的教训，表现出很高的艺术技巧。例如“斤鸡叫”，是劳动人民对自己生活经验的高度概括，意指小鸡长到一斤就要叫鸣。用字简洁，结构完整，意义明白。“望山跑死马”，生动如画，含蓄蕴藉，富有哲理。山又高又大，远望可见。但要到达山下，就要费很大的气力，甚至有跑死骏马的可能。比喻使事业成功也是如此。

在修辞上，谚语方法多样，变化灵活。有的用比喻，如“抓了芝麻，丢了西瓜”“春雨贵如油”；有的用夸张，如“一人拔树不动，万人扛得天动”；有的用对比，“不怕慢，就怕站”，有的用比拟，“上粪不浇水，庄家撅着嘴”；有的综合运用，如“前人栽树，后人乘凉”，既用比喻，也用了对比。大多数谚语还具有声音美，音调和谐，节奏鲜明。如“万丈高楼平地起”（仄仄平平平仄仄），“磨刀不误砍柴工”（平平仄仄仄平平）等，成为我国语言的组成部分，也是民族语言中的精华。

高尔基说：谚语是简短的，却包含着可以写出整部书的思想和情感。又说："谚语和俚语把劳动人民的全部生活经验与社会历史经验出色地固定下来了；因此，一个作家必须知道这种材料，它能教他学会像把手指握成拳头一样去压缩语言，以及松展开被别人紧紧压缩起来的语言，以便暴露出隐藏在这些语言中的与时代任务相对的僵死的东西（高尔基《谈谈我怎样学习写作》）。"

语言是从生活中产生出来的，随着生活发展变化，新语汇将不断产生，旧语汇将不断消亡。所以，每一个作者，都应该深入生活，努力去挖掘、积累适应现实的新语汇，为文章输进新鲜"血液"。

人民群众的语言是丰富的，其中也有一部分格调低下，思想落后。比如一些反映了宿命论等封建迷信的歇后语，"富贵由命，生死在天"一类的谚语，以及一些粗野庸俗的方言土语，在积累时就要认真鉴别，不能"划拉进篮子都是菜"。

二、学习典范作品中有生命力、表现力的语言

向典范作品学习语言，包括古今中外的一切优秀著作。这些著作中的语言，是经过作家加工了的群众语言。"所谓加工，就是选择民众语言中的词汇、成语、谚语、俗语以及语法和修辞方法等等，不但要运用得恰当（这就是说，选择的目的在于达成形式与内容的一致），而且要创造性地使用它们（这就是说，要把民众语言加以提炼）。"所以，典范作品中的语言具有典范作用，它比群众口语更生动、形象、简练、准确，符合写作语言的基本要求。比如把生活中常说的一句话，"他时时想着那件事"写进文章里，应该怎样写呢？童话作家嵇鸿认为，应该变主动式为被动式，写成"那件事牵着他的心"，既强调了事件，又运用了比拟手法，使人感到"事"与"心"之间有一条无形的线维系着。

因此，多读典范作品，能迅速提高我们的语言表达能力。但也要注意，由于作家成书的时代与我们生活时代的差异，有的语汇已经死去了。死去了的语汇一般来说是不能采用的。我们学习的是以往书中那些至今仍有生命力的语汇，如："学而不厌，诲人不倦""见义勇为""高山流水"等。

三、学习、积累语言的方法

学习语言就要耳濡目染，多听、多读、多记。初学写作的人，更要有恒心多做笔记，将一些好的词汇、景语、情语、格言警句随手录下，有空就反复研读，细细玩味。

还要特别注意词语的语境。同一词语，随着语境的改变，不仅在意义上有了变化，语法、修辞上也有不同程度的变化。具体地说，有的话在这篇文章里是妙言，在那篇文章里就是赘语；有的话在文言文中显得生动精巧，在白话文中就变得呆板笨拙。王安石的“春风又绿江南岸”，用“绿”胜于用“过”“满”“到”等词。但在刘长卿的“春风只到穆陵西”中，“到”就不能改为“绿”。因为刘长卿表现的是忧于战乱的感情，是伤时之作，眼前不会有一片新绿。再如：在我们村外，有一条小河，弯弯曲曲地伸向远方。给人亲切自然之感。但要把弯弯曲曲换成“斗折蛇行”，就觉得笨拙多了。而斗折蛇行用在柳宗元的散文里就像随手拈来，是那样的精巧。若再把它换到另一句话里：“我经过斗折蛇行的小路，两扇石门訇然大开。”在这种情景里，就有了新鲜、自然感。

语境，是指语体和文章的题旨情景。不同的语体，对语言有不同的要求。口语与书面语不同，书面语中各种体裁的语言也不相同。就是同种体裁的文章，由于思想情感有别，语言也不尽相同。所以我们学习好的词语，必须“身临其境”，才会得到神韵。倘若不看语境而单纯地记录一些所谓“好词”，就等于编辑一本小小的词典，由于不够详尽，学习时还不一定比翻辞典的效果更好。

词语为什么不能脱离具体语境呢？这是因为作家在写作时，“仗着内心的视力观察他所描写的对象，这样来创造作品——这是作家的规律（阿·托尔斯泰《致青年作家》）”。他们写人的一句话，就要看到说话人的神态，说话的场合；他们形容事物的一点，就要顾及事物的全貌；他们选用一字一词，就要同上下文联系，为表达思想感情服务。所以，在积累词汇中，必须注意词语的语境。

学习语言，要摒弃一种偏见，就是认为口语没有什么学头，尤其忽视口语的修辞艺术，而只重视书面语言。在书面语言中，又只重视一些“高贵”的词，如柳暗花明、邂逅、莞尔、峻拔等，而忽视一些“平俗”的词语。如七斤八两、蜡黄、瞎聊等。其实，词语本身并无贵贱雅俗之分，关键是在于用得“巧”，用在相适宜的情景中。一个死活的“活”字，平而又平，但在杨朔用来就显出新奇了。

“山西还是活着的！”我默默念着。（《昨日的临汾》）

王母池旁边吕祖殿里有不少尊明塑，塑着吕洞宾等一些人，姿态神情是那样有神气，你看了，不禁会脱口赞叹说：“活啦！”（《泰山极顶》）

第一个“活”字，是形容山西人民在日寇进攻面前，精神没有麻木，准备奋勇抵抗。通过比拟，把山西人民的战斗风貌刻画出来，意蕴丰富。第二个“活”字，形容塑像的逼真。一声惊呼，使人仿佛看到了塑像由“死”到“活”的过程、动态。两个“活”都用于口语，因为用得恰当、巧妙，就都显示出独具的表现力。

学习语言要一丝不苟，持之以恒。它不是简单地搜集，辑录词语手册，而是要掌握技巧方法，便于创新。由于语言不断发展变化，学习就成为一个人的毕生事业。我们必须下苦功学好它。但丁说：“语言作为工具，对于我们之重要，正如骏马对于骑士的重要。最好的骏马适合最好的骑士，最好的语言适合最好的思想（引自《外国名作家传》）。”

第三节　写作语言的基本要求

写作语言的基本要求是：通俗易懂、准确鲜明、生动形象、简练朴实。

一、语言要通俗易懂

通俗易懂就是“大家这么说我也这么说，不是用了一大车大家不了解的词汇字汇（老舍《关于文学的语言问题》）。”这是写作语言的第一要求。因为写的目的是让人看，让人了解、明白自己的思想观点。倘若写出的文章谁也不懂，就像中学生阅读古文《海赋》《文赋》一样，读都读不下来，根本谈不上意义明白，也就失去了文章的作用。

语言表达受思想的支配。要把话写得明白清楚，首先必须有明确的思想。思想模糊的作者，只会写出糊涂的语言。其次，就是少用或不用生僻的词语。否则，会给读者设下一个接一个的障碍，影响作者与读者的思想交流。另外，“但是”“然而”等一些绕弯子的词，也不宜多用。一段话中，弯绕得太多，犹如“山重水复”“峰回路转”，就易使读者“迷路”，不能把握作者的思想脉络。所以，“写东西、用字、造句必须先要求清楚明白”，“要老老实实先把话写清楚了，然后再求生动（老舍《关于文学的语言问题》）。”

二、语言要准确、鲜明

一定的思想感情，必须用准确的语言来表示。所谓准确，就是用词恰如其分，造句符合规范，意义确切明白，合乎情理。

首先，用字用词要恰当。每一个字，每一个词，都有一定的意义。只有掌握词的具体含义，才能用得适当贴切。比如“高速列车奔腾而过”。“奔”是急速的跑，“腾”是跳跃的意思，“奔腾”就是跳跃着奔跑。常常说“万马奔腾”又比喻“江河奔腾”，都很有气势。但列车要跳着跑，就要跳出轨道了。可以改为“奔驰”。一般说来，词有大小、宽窄轻重之分，有不同的感情色彩。如：

这是他的失误。
这是他的失职。
这是他的渎职。

“失误”“失职”“渎职”三个词在分量上一个比一个重，用的范围上一个比一个窄，呈现出的感情色彩也大不一样，说是失误，比较温和；说是失职，就很严肃；说是渎职，就成为犯罪，变为愤恨。而这种鲜明的色彩是同用词准确分不开的，同具体的环境也密切相关。如：

（1）小鸟儿出笼了。
（2）他的低俗作品一出笼，就遭到了大众的抵制。

例（1）中的“出笼”是中性词，不带褒贬；例（2）中的“出笼”比喻出版，含有贬义，显示“他的作品”庸俗不堪不宜出版。通常情况下，褒贬不能混用。有时为了达到某种修辞效果，也可以“褒义贬用”，或者“贬义褒用”，被用的词需要加引号。如：

我们宿舍的李文就是喜欢“伺候”人，常为大家打水、扫地，还帮助同学整理床铺。

“伺候”是过去奴仆的行为。用在这里，表现“他”心甘情愿助人为乐的高贵品质。贬义褒用了，具有含蓄、婉转的作用。褒义贬用时，讽刺意味较浓。

有时，有的词语在特定的情景中，构成新的意义。这部分的意义不是固定的，大都不载在字典中。有人把它叫作联想意义。“联想的意义是文字在历史过程上所积累的种种关系，有如轮外圆晕，晕外霞光，其浓淡大小随人随时随地而各个不同，变化莫测（朱光潜《咬文嚼字》）。”如“烟”，原指物质燃烧时所发生的气状物。但它的联想意义就游离不定了，像“烟花三月下扬州”“杨柳万条烟”“烟光凝而暮山紫”“日照香炉生紫烟”等，指自然中形成的一种气象。这些丰富多变的意义，似乎和语言的准确性相抵触。其实，词语的联想意义虽然不定，但它们各自所处的情景则是固定的，而且同词的固定意义密切相连。只要结合这种情景去分析词义，仍然可以得到具体正确的解释。如前例所谈“烟”的联想意义，或是朦朦胧胧，模糊一片；或者是袅袅飘动，缕缕可见等。我们如果对词义能做出具体正确的解释，就能准确地去使用它们了。

用词准确的问题，实际上是在同义词、近义词中进行选择的问题。法国作家福楼拜说的唯有一个名词、唯有一个动词、唯有一个形容词，就是选词造句的“座右铭”。许多名作家也为我们做出了榜样。如鲁迅《为了忘却的纪念》中“埋”字的选择：

不是年青的为年老的写纪念，而在这三十年中，却使我目睹许多青年的血，层层淤积起来，将我埋得不能呼吸。

这个“埋”字，最初为“闷”，又改“淹”，最后定为埋。“闷”是气压低或空气不流通而引起的不舒畅感觉，常常受空气、气氛、环境等词的支配，动量上显得较轻，与血也不相干。“淹”与“淤积”的固态的血不相应。“埋”字就十分准确。一层层血淤积起来，越积越厚，将人都埋没了，窒息了。感情强烈、鲜明，深刻揭露了国民党反动派的残酷暴行。

除一丝不苟地选择名词、动词等实词外，也要慎重运用虚词。

虚词没有什么实在意义，但与实词搭配起来，即能加强表达效果。如：

(1) 她是最美女教师。

(2) 一见他，我心都醉了。

(3) 我不是不想搬家，是那里离学校太远了。

例（1）中的“最”，含有顶级、无与伦比的意思，表示崇敬的心情；例（2）中的“都”，含有完全、彻底的意思，有强调作用；例（3）中的“太”表示其行为超过了限度。倘若删去这些虚词，或换上另外的虚词，就会发现它们在意义上相应的变化。

其次，造句要规范化。

人民大众在长期的语言实践中，总结出了一条普遍的、正确的语言结构规律，将句子形式固定下来。我们必须遵循这一规律，使语言符合语法，也就是符合人民的语言习惯。不能独出心裁，标新立异。读到杜甫“香稻啄余鹦鹉粒，碧梧栖老凤凰枝”的诗句，就认为散文中也可以这样“活”用，弄得语序颠三倒四。看到毛主席“读点鲁迅”的句式，也就写出“念些琼瑶”的句子，搞所谓的“创新”。这是不鼓励的。因为它离人民的语言习惯太远，不合乎语言的法则。

所谓造句规范化，除句子中的词序有规则外，句子结构还要妥帖完整。一句话中，必须具备有主语、谓语两个部分。它们的附加语、修饰语、限制语都必须确切无误，主谓要搭配，动宾要得当，句子要前后照应，左右逢源，结构得天衣无缝。

再次，语言要合乎情理。

语言表达的意义是否正确、明白，与逻辑紧密相连。我们知道，写文章、说话，必须运用正确的思维方式，才能表达清楚、准确。不然，思路混乱，就容易概念混淆，自相矛盾，虚情悖理。如：“除夕，弯弯的月牙蹭到山头。大家仍然兴致勃勃地谈着。”

这句话意境似乎很美，语法上也没有错误。但它实属编造。除夕之夜，是不会有月牙的。由于它违背事实，造成了句子的致命伤。高尔基曾经评述过他自己写的一段话：一个醉汉依着路灯的柱子，微笑地望着自己的影子，影子正在颤动（高尔基《谈谈我怎样写作》）。

高尔基说他描写的夜是一个寂静的月夜，不点路灯。如果当时没有风，火光不动，影子也不会颤动。由于写作时没有认识到事物与事物之间的必然联系，就违背了生活逻辑，造成了笔误。

要做到语言合情合理，就得掌握正确的思维方式，从生活真实出发，深刻地认识事物，经过分析、推理，做出正确的结论，或进行合理的想象，使语言表达得周密、详尽。

三、语言要生动形象

不生动的语言不能感人。怎样使语言生动呢？

（一）善于选择句式

在句式上，长句子适宜表达深刻的哲理、缠绵的感情，使意义精确，叙述周详，语势平稳。短句子适宜表现连串的动作、热烈的情感，使内容清晰，节奏明快，气势贯通。一般来说，单纯使用长句，半天没有停顿，给人以沉闷、拖沓之感；单纯地使用短句，铿铿锵锵，虽然明快有力，却给人紧张、零散、轻飘之感。所以，优秀的作家，如毛泽东、鲁迅、老舍等，都把两者结合起来，长短交叉，疏密有致，造成句式上的跳跃变化，表达丰富多彩的思想和波澜起伏的感情。

另外注意陈述句、疑问句、被动句等句式的特点，适当地变化运用，也可增强语言的生动性。

（二）善于利用语言的声音美、色彩美

字有一定的声调，或平或仄，或闷或响；词有一定的色彩，或明或暗，或浓或淡。充分利用这些特点，可以增强语言的可感性。比如灵活地运用象声词、双声叠韵词、平仄粘对的规律，能够造成“大珠小珠落玉盘”的音响美。毛泽东“一张白纸，没有负担，好写最新最美的文字，好

画最新最美的图画”一句，就很注意平仄。白纸（平仄）对负担（仄平），文字（仄平）对画图（仄平）。因此读起来抑扬顿挫，听起来和谐悦耳。

认真选择色彩不同的词语，能够构成“柳暗花明”“黑云压城”的生动画面。一般来说，用字的响度、词语的色彩同情感有着必然的联系。情绪激昂兴奋时，可以多选用一些音节响亮、色彩鲜明的词语；心情压抑、悲哀时，可以多用一些声音低哑、色彩暗淡的词语。例如：

这时，东方水天极处，染上一片橙红色，一会染成橘红色。一会又暗下去，暗成浅灰色。就在这片浅灰色里，慢慢烘出一个半圆形的浅红色轮光，轮光下面骨突地冒出半边鲜红的太阳，越冒越高，转眼跳出水面，于是一轮又红又大的太阳稳稳当当搁在海面上。（杨朔《黄海日出处》）

作者怀着激奋的心情观看日出。但在日出之前却让人急不可待，感到一种深深的压抑。这时作者描写的画面较暗，并用三个“色”做句尾。色是细声韵，响亮度较弱。太阳升出来了。作者用了“轮光”“鲜红”“稳稳当当”“冒”“高”“跳”“上”等许多响亮的词，都是洪声韵。加上鲜明的画面，仿佛阳光直照进心里，一切都亮堂起来，与作者的情感达到了和谐完美的统一。

有的词语有固定的格式，本身就具有声音美，如成语张三李四（平平仄仄），叠字词鲜红鲜红、稳稳当当、亮晶晶等，适当地选用这些词语，可以使语调圆转。朱自清就是运用叠字词的大师。他的《荷塘月色》用了27处，《桨声灯影里的秦淮河》用了70多处。许多民间文学作品也常常采用这类词语。它或是摹声绘色，或是描写性状，或是刻画动作，足能使形象逼真、传其声色，具有独特的修辞效果。

（三）选用具体形象的词语和善于运用各种修辞手段

写作时，尽量选用“碧蓝”“嫩绿”“飞快”等带有描绘性质的词语，也就是选用一些合适的形容词，给人以具体的形象，可以使语言生动。例如郑振铎先生笔下的燕子：

小燕子带了它的双剪似的尾，在微风细雨中，或在阳光满地时，斜飞于旷亮无比的天空之上，唧的一声，已由这里稻田上，飞到了那边的高柳之下了。再几只却俊逸的在粼粼和縠纹的湖面上横掠着，小燕子的剪尾或翼尖，偶沾了水面一下，那小圆晕便一圈一圈的荡漾开去。（郑振铎《海燕》）

燕子的尾是“双剪似的尾”，风是“微”风，雨是“细”雨，“飞”是斜飞。天空、时间、声音也都写得具体可感，使小燕子生动、活泼、俊逸、矫健的神态跃然纸上。倘若不用这些具体形象的词语，变为“小燕子在下雨时，或者在天晴时，有的飞翔在天空，有的横掠过湖面”，就较原文干巴多了。

写作时，注意使用所熟悉的修辞方法，可使文章增加文采，语言生动形象。常用的有比喻、夸张、比拟等辞格。

语言要生动，比喻不能不用。恰当的比喻，要求喻体与本体必须是不同类的事物，必须有一个相似点。劳动人民之所以能比作蜜蜂，是因为两者异类，在勤劳这一点上十分相似。比喻能使抽象的事物化为具体的形象，能激发读者由此及彼地进行联想。例如：

曙色像一片翠蓝的湖水，流动在原野的尽头。（杨朔《昨日的临汾》）

曙色对读者来说，是比较抽象的。即使读者见过，也未必是作者所见。但用人们常见的湖水作比，就使作者所见的曙色具体化了，而且增强了动感。读者可由曙色想到澄碧的湖水，由湖水再想到遥远天空的云光，扩大了语言的内涵。在比喻中，喻体一般是常见的，大家熟悉的，不应用谁也不了解的事物作比。好的比喻，总是闪现出智慧的火花。它不是拾人牙慧、陈腔滥调，而是独创新颖、意义深远，给人不灭的印象。把“人民”比作“蜜蜂”，把“西湖”比作“西施”，把“教师”比作“蜡烛”就是如此。

常常说，恰当、新鲜是比喻的生命。首先是恰当，恰当很难，它要求寻找两类事物的相似点时，不仅要注意形似，而且还要求神似。把美丽的西湖水比喻为新煮的“菠菜汤”，倒也形象，却不能传神，给人美感。西湖“淡妆浓抹总相宜”。菠菜汤呢，只是带了点绿的颜色，混混浊浊，给人的印象足以把“绿”的美破坏殆尽。所以，比喻必须要抓住事物的本质，使事物的“形”和“神”有机地统一起来。其次是新鲜。不新鲜不能感人，有位作家曾说：第一个把女人比作花儿的是天才，第二个再以此作比的是庸才，到第三个，就是蠢材了。因为大家的欣赏能力不断提高，情趣不断变化，就要求作者不断地有所创造了。

夸张也是写作常用的修辞格之一。它将事物的特征、形状、性质有意地夸大或缩小，使事物的某些本质方面更加突出、鲜明。从作者方面来说，就是描写的焦点集中到事物的一点上，将这点“强化”，或者说“漫画化”。例如：“我一进门，妈妈的一句话就把我呛了一个趔趄。”显然，妈妈的话太厉害了，一句话就像根木棒打来，使人差点倒了下去。这是用了夸张的手法，突出表现一句话的分量之重和对我的打击之大。但一句话把人呛一个趔趄的现象离事实较远，却又令人信服。夸张就是如此。它允许超越事实，貌似失真、变形，其实更深刻地揭露事物本质，揭示人的精神。鲁迅说：“‘燕山雪花大如席’是夸张，但燕山究竟有雪花，就含着一点诚实在里面，使我们立刻知道燕山原来有这么冷。如果说‘广州雪花大如席’，那可就变成笑话了（鲁迅《漫谈“漫画”》）。”

夸张的原则，就是不能离开事物的本质特征和它存在的现实基础。如“我一进门，妈妈的一句话就把我呛了个趔趄”，一句话之所以能说把人呛一个趔趄，是因为妈妈的话出乎意料，是让人难以经受的突然打击。用“趔趄”这一不大会有的动作来揭示其心理反应，并没有与情理相悖，是容许的。好的夸张，不是说假话、说大话，而是“夸而有节，饰而不诬（刘勰《文心雕龙·夸饰篇》）。”

比拟“足以给人鲜明的印象”。它或将人拟为物，或将物拟为人，都给被拟者赋予拟者的一切本质特征。最常用的是“拟人”，让事物和人一样活起来。如：

我闭紧嘴，风却像一只有力的手，窒息着我的呼吸，逼迫我不时地张一张嘴。就在这一刹那，它也会往我的口腔里扬一把土，类似一个恶作剧的坏孩子。（杨朔《征尘》）

将风拟人化，赋予它“坏孩子”的动作，既写出了它的讨厌，又写出它的调皮，包含着对它“恶作剧”的谅解，给人一种亲切、生动感。

比拟与作者的思想情绪分不开。在人痛苦或高兴时，扑入眼帘的事物都可成为人的知己朋友，与人一起谈话，一起高兴、痛苦，有很浓的感情色彩。

比喻、夸张、比拟修辞手法往往交叉使用。在这里，我们说它们能使语言生动，也不排除对偶、排比、重叠等其他修辞方法。具体用哪一种，要看文章的需要，关键是用得恰当。

另外，采用比喻、夸张、比拟等修辞手法，可以达到幽默的效果。老舍说："文字要生动有趣，必须利用幽默。"幽默是作者一种心理状态的表现，是作者怀着极大的热情，运用修辞技巧，将人们的"可笑之处"揭示出来，形成轻松、婉转的语言。如：

自从一入七月门，济南就热起来，那年简直热得出奇；那就是我"避暑床下"的那一回。早晨一睁眼，屋里——是屋里——就九十多度！小孩拒绝吃奶，专门哭号；大人不肯吃饭，立志喝水！可是我得赶蚊子，昏昏忽忽，半睡半醒，左手挥扇与打苍蝇，右手握笔急写，汗顺着指背流到纸上。写累了，想走一走，可不敢出去，院里的墙能把人炙的像叉烧肉——那二十多天里，每天街上都热死人！屋里到底强得多，忍着吧。自然，要是有个电扇，再有个冰箱，一定也能稍好些。可是我的财力还离设置电扇与冰箱太远。一连十五天，我没敢出街门。（老舍《我怎样写〈牛天赐传〉》）

小孩的专业，大人的立志，"我"的忙碌，使人忍俊不禁。他既写出别人的可笑，也揭露自己的滑稽，是一视同仁的，表现了作者温厚的心态。幽默不是"油滑""嬉皮笑脸"。"和颜悦色，心宽气朗"才是幽默。"一个幽默家对于世事，如入异国观光，事事有趣。他指出世人的愚笨可怜，也指出那可爱的小古怪点（老舍《论幽默》）。"所以，幽默的语言容易动人。鲁迅、老舍、赵树理等幽默大师的文章影响之广，感人之深，除深刻的思想性之外，还同他们善于运用幽默的语言分不开。但幽默也要看场景气候。一味追求幽默，容易使语言松弛，内容散乱。一篇文章中，倘若只是笑料的堆积，就等于把幽默降价处理了。

另外，语言要生动，还要创新。所谓创新，就是自己说自己的话，表自己的意。有人说，文章千万篇，能有不雷同的吗？“岂知偶然用一句两句，是不能无的，然合上下看来，总要各出各意。句同意必不同，才是各人自家的话，断无公共用得的（何绍基《与汪菊士论诗》）。”这就是说，要随情应景，调遣家喻户晓的字表现出新意，化一般为新奇。杨朔写松柏，“颜色竟那么浓，浓的好像要流下来似的”。不就是人人用过的一个“流”字吗？却使全句都活了。让人感到别致、新鲜。再生动的语言，如不注意创造，人云亦云，大家习以为常，就显得呆板、枯燥了。

四、语言要简练、朴实

所谓简练，就是用很少的话说出很多的意思。能用一个字说清的，不用一句话，用一句话说清的不用一段话。“言简意赅”，就是简练的原则。

简练和准确分不开。每一种事物，每一个动作，可以用很多相近似的词去表现它。但能做到尽善尽美的，只有唯一的一个词。找到这个词，才能表现事物的本质，才能谈到简练。

简练和虚饰不相容。每说一件事物，总喜欢带着一大群无意义的限制语、修饰语，淡而无味。例如：

在辽阔无垠、一望无际的华北大平原上，辛勤的家乡父老用一双勤劳朴实的双手，创造着更加美好的明天。

多不简洁呢？重复的毛病一眼便知。“辽阔无垠”可以删去，“一双”也必须删去。契科夫说：“简洁是天才的姊妹”。我们在写作时，用字用词要大方。要努力将“可有可无”的毫不可惜地删去，使文章“没有一个多余的无意义的字”。

简练不等于简单。简单的语言“言不达意”，往往给人笼统模糊的印象；简练也不是“简古”。简古的语言往往文白相杂，似古非古，读起来令人憋气，似乎“别有一番滋味。”简练也不反对繁复，是繁是简，要根据文章题旨来定。

所谓朴实，就是不做作，不浮夸。高尔基说：“真正的语言艺术总是非常纯朴、生动如画，而且几乎是肉体可以感触到的（高尔基《本刊的宗旨》）。”大朴是大巧的表现。它要求笔下平易，用意精深，历代大家都能如此。朱自清的《背影》，通篇不加任何修饰，而使文字十分生动。比如文章中五处引用了父亲的原话。儿子在徐州看到奔丧的父亲，因家境衰败落泪时，父亲安慰说："事已如此，不必难过，好在天无绝人之路!"由南京回北京，儿子劝父亲不必亲自送行。父亲说："不要紧，他们去不好!"到车上分别时，儿子让父亲回去，父亲说："我买几个橘子去。你就在此地，不要走动。"最后父亲下车时，叮嘱儿子说："我走了，到那边来信!"走了几步，回头看见儿子，又说："进去吧，里面没人。"这些质朴简洁的语言，淋漓尽致地表现了依依惜别的父子之情。

要做到语言朴实，就要不堆砌辞藻，不去猎奇，而是"着诚去伪"，"尚质抑淫（白居易《策林》）"。

朴实和自然是孪生姊妹，并具有天生的美。比如一位同学在习作中写她的母亲守寡后，挑起抚养年幼的叔叔和弟妹的重担。母亲对叔叔严格要求，关怀备至，用辛勤的汗水供给叔叔念完初中、高中，直到叔叔成家。她这样写道：

没有了父亲，她是不会愉快的，经常背着我和叔叔落泪。后来叔叔结婚的时候，她好像把父亲忘了，总是看着叔叔婶子笑。

纯朴自然之中含有真挚高尚的感情，简朴之中寓有深刻的意义。这就是刘勰所说的"为情而造文"，而不是"为文而造情"。"故为情者要约而写真，为文者淫丽而泛滥（《文心雕龙·情采》）。"

但是，强调朴实并不是就否定华丽。美好的思想，有时也需要华丽的外表，可以相得益彰。刘勰说："夫水性虚而沦漪结，本体实而花萼振，文附质也。""虎豹无文，则鞟同犬羊；犀兕有皮，而色资丹漆；质待文也。"或是华丽，或是朴实，要根据文章所表达的思想感情而定。所谓华丽，不是缀锦铺花的虚夸，而是依据内容进行必要地"修饰"。这种修饰，虽是人工所为，却毫不影响文章的真情实意，犹如"风行水上，自然成文"，"极炼如不炼，出色而本色，人籁悉归天籁矣（刘毓崧《古谣谚序》）"。

语言做到华丽不难，要做到朴实就难了。作者需要丰富的知识，需要深邃的思想，需要真诚不欺。如果我们写作时写得不够朴素清楚，说明我们还没有看清楚所表现的事物。如果我们写得过分华丽，说明我们写得不真诚。应该记住，漂亮词句的拼凑“只是半空的流星，徒然以虚假的光辉取悦于人，而没有使人燃烧起来（别林斯基《伏拉狄密尔·别涅克托夫的诗》）”。应该记住，文章只有“为情而文”，才能“淡妆浓抹总相宜”。

第四节　要立志形成个人的语言风格

语言的准确、简练、生动，只要我们肯下功夫，就可以从艰苦的锤炼中取得。而作家的语言风格则难以学到。因为这种风格是作家思想性格的表现。它表现出整个的人，显示出鲜明的个性，是独创的，不能模仿的。别林斯基说：“假如一个作家没有一点文体（风格），他或许能写出卓越的语言，可是含混及其必然的结果——冗繁，将给他的文章以啰唆的特色，读起来令人厌倦，读完了立刻就忘得一干二净。假如一个作家有文体的话，他的形容词会是非常明确的。每一个字都要适当其位，用不多几个字就可抓住按其量说必须用很多字才能表达的思想（《一九四三年的俄国文学》）。”所以，每一个优秀作家，都有自己的风格。作家的社会经历不同，工作环境不同，文化、政治修养不同，生活习惯和气质也不一样。在语言材料的选择上，词语的组合上，语言的格调上也就显示出各自的特色。

从不同的角度，可将语言风格分为相对的八类。

一、从气质上分为豪放与柔婉

所谓豪放，就是善于采用简短而有力的语言，抒发强烈的感情。文章气势雄壮，境界浑厚，显示出作者坦荡的胸襟。比如，刘白羽的散文，贺敬之的诗歌等。所谓柔婉，就是善于运用幽雅、生动的语言，表现细致缠绵的情感。笔调柔和，境界优美，表现出作者温良的心底。朱自清的散文，茹志鹃的小说就有这些特点。豪放在于“壮”，柔婉在于“柔”。但“惊哄呐喊，叫啸怒骂”不为豪，拿腔捏调，无病呻吟不为柔。豪放婉转，都要表现在作者的真情。

二、从词采上分为平淡与绚丽

所谓平淡，就是善于运用平易、确切的词语，表现细腻真挚的感情，文章朴素自然，意义深远。比如赵树理的小说。所谓绚丽，就是善用丰赡华丽的辞藻，表现浓烈深厚的感情。文章光彩照人，画面鲜艳。比如茅盾的散文。平淡不是淡而无味，而是有平远淡雅之趣，绚丽不是故作姿态，华而不实，而是表里一致，谐美动人。平淡的语言功夫在于锤炼，平凡之中见新奇。绚丽的语言则靠作者朗赡多通。两者可以互相转化。“绚丽之极”则“归于平淡”。

三、从表现手法上分为明快与含蓄

所谓明快，就是作者直接地、明朗地、开门见山地说出事物的特点，淋漓尽致地表达自己的感情。魏巍的散文就有这个特点。所谓含蓄，就是作者曲折地表现自己对事物的看法，常常把自己的满腔热情隐藏在冰冷的语言和客观的叙述里。言在此而意在彼。鲁迅、杨朔的一些散文就是这方面的典范。需要注意的是，明快与浅露不同，含蓄与晦涩不同。一览无余的语言和朦胧含糊的语言都不能感人。

四、从表达方式上分为简洁与繁复

简洁就是用极少的话表现极多的意思。它虽然不多用形容词之类，但也决不简单、干巴。繁复就是对一个事物进行充分叙述、描写。常采用对比、重复、比喻等修辞方式和较多的形容词，但不显得冗杂、烦琐。简洁和繁复也是相对的。一个作家，只有“从繁丰的流畅入手”，才能“进入简约的峻洁”。

以上八种语言风格，具体到一个人身上，不可能统统平均地显现出来，也不可能只显示出其中的一种，往往具有几种风格。比如刘白羽的语言，既豪放，又绚丽，也有含蓄的特点。朱自清的散文既柔婉，也绚丽，与含蓄也分不开。就是同一类风格的作家，在表现形式上也有细致的区别。这些区别决定于他们不同的生活根底和文学修养。如朱自清和冰心的语言风格同属婉约，但又各有特色。朱自清的咏物散文，善于用连串的比喻和新鲜的叠字词，表现丰富细致的感情。冰心与他比起来，语言就显得朴实多了。

语言具有风格，是一个高标准的要求。语言风格的形成，是一个长期学习、实践的过程。不管多么伟大的作家，也都不能没有这一过程。所以，我们只要肯读书，勤写作，多思考，也会形成自己的语言风格。那么，怎样去学习呢？

首先，要广泛涉猎各种名著，从中发现自己的兴趣爱好。如果你喜欢幽默，就必然喜欢马克·吐温、老舍、赵树理的作品；如果你喜欢清俊，就必然被朱自清、孙犁的作品所陶醉；如果你喜欢豪放，就必然叹服刘白羽气贯长虹、峻拔奇丽的文笔。到底喜欢哪一类作品呢？在广泛的阅读中，自己便能发现。只要确定下来，就证明自己已经迈出了第一步。接着再迈出第二步，这就是精深研究这一类作品。研究他们的技巧、特长，研究他们的大同小异，并不断地实践练习，渐渐提高。有的人，可能既喜欢这一类，又喜欢那一类，甚至凡是名著都喜欢。实际上，喜欢的也不过是作品中投合自己情趣的几点。这就应该集各家之大成。比如，既学老舍语言的幽默风趣，又学孙犁语言的诗情画意，还学巴金语言的明快畅达等等，将它们熔于一炉，这也是可以做到的。叙述事件时，适当地运用幽默，使文章情趣盎然；描写场景时，勾勒画面、创造意境，能够加强感染力，提高作品的审美价值；刻画心理，尤其突出激奋的情绪时，使语言明快、流畅、一气呵成，造成热烈的气氛。当然，真正做起来并不像说的一般容易、简单，学习时也不会有什么公式可套，每个人都应根据自己的特点进行学习、实践。要一点一点来，犹如美丽的“步步登高”的花朵一样，开了一层，又开一层，到层层绽放，就独具丰姿，显示出动人的光彩。

在学习作家语言风格的过程中，要克服两种倾向。一种是没有明确的目标，朝秦暮楚，见异思迁，学来学去一无所获。有的虽学得都像一点，但也只是“像人家的一点”而已，而不是集什么大成。一种是压根就不想学习，认为“文如其人”，一写就能显示出自己的风格，而不知道风格的形成，是作家运用技巧到了炉火纯青的地步。语言要表现出人的性格，较高的文学修养是基础。至于我们写一篇文章，也许有一两点特色。一两个特点形不成风格。风格是综合性的，是由多方面的因素构成的。

要努力形成自己的语言风格，就要有决心，有信心，大胆探索，勤于实践，矢志不渝。如果没有兴趣怎么办？那是自己还没有认识自己的笔，写写看！

【思考练习】

1. 什么是语言？
2. 搜集名作家关于语言的文章，谈谈学习语言和语言积累的意义。
3. 写作语言有哪些基本要求？
4. 怎样使语言生动形象？
5. 结合阅读过的文学作品，谈谈语言的不同风格。

第五章　表达方式

【要点提示】

1. 辨析不同的观察视角和叙述方式所造成的不同表达效果，掌握叙述的基本方法和要求。

2. 理解不同描写对象的具体要求和作用，掌握各种描写手法的基本要领。

3. 理解抒情与事、景、理的关系，掌握不同抒情手法的特点和要求。

4. 掌握利用论据证明论点的各种论证方法。

5. 了解说明的种类，掌握说明的基本要求。

作者在提炼出了正确的主题，选好相应的材料，安排了合理的结构的同时，还要考虑选择什么样的方法或手段将自己的构思传达给读者，这个方法或手段就是表达方式。表达方式就是文章写作中经常使用的具体方法和手段。表达方式是文章写作的重要因素之一。如果文章没有合适的表达方式，再丰富的思想内容也不能完美地表达出来，文章就不能起到应有的社会作用。

表达方式包括：叙述、描写、抒情、议论、说明。不同的文体有不同的表达方式。一篇文章中往往以一种表达方式为主，同时又综合运用几种其他表达方式。表达方式是文体特征的重要标志，不同的表达方式决定了文章的不同体裁。作者在写作的过程中，往往目的明确，或叙述，或描写，或抒情，或论理，或说明，必然要采用不同的表达方式。就叙述、描写、抒情、议论、说明这五种表达方式而言，在不同的文体中各有侧重，文章写作中，五者不是彼此孤立、截然分开的，而常常是互相交织，综合使用。常见的是叙述中有描写，描写中有叙述，在此中间又融入了作者浓烈的抒情、深刻的议论和明晰的解说，使文章生动、深刻，充满了艺术感染力。

第一节　叙　述

一、叙述的含义

叙述是将人物成长、事件发展及其原委陈述给读者或听众的一种表达方式。它包括时间、地点、人物、事件、原因、结果六个基本要素。叙述是写作中最基本、最常见的表达方式。是作者对人物的经历和事件的发展变化过程以及场景、空间的转换所做的叙说和交代。在写人记事的记叙文中，往往以叙述作为主要的表达手段，在抒情文、议论文、说明文中，也将叙述作为不可或缺的辅助表达手段。随着新时期文学的研究和发展，它已深化为“作家们的一种艺术传达方式和艺术思维方式（徐岱：《叙事的艺术》）。”

（一）叙述视角

叙述的视角就是作者叙述的观察点、立足点。叙述在选定对象后，首先要确定叙述视角。对于视角，有人从内外视角来分析，有人从位置移动的角度来分析，但直接影响叙述的还是人称这一视角。在叙事中，常见的是第三人称，其次是第一人称。第二人称较少用，因为它的叙事功能是多维的，叙事范围较窄。

1. 第一人称。以当事人的口吻来叙述的，叫第一人称。作者是以“我”或“我们”的视角来感受外界事物的，并以我的口吻来叙述其所见、所闻、所思、所感。它是一种单向视角。其中的“我”可以是作者，也可以是文章中的人物。第一人称的叙述让人感到真实、亲切、自然。便于作者直接表达思想感情。但不足的是这种叙述仅限于“我”的所见所闻，不是我亲身经历的人和事就无法直接叙述。在叙述的广度上有一定局限。这一人称擅长于讲故事、擅长于主观陈述事件或内心独白，而在塑造人物形象方面略显不足。

2. 第二人称。以“你”“您”或“你们”的口吻来叙述的，叫第二人称。这种口吻有一种双向交流的对话性质。这种叙述视角长于抓住读者，使读者有一种参与感。这种人称便于作者深入挖掘人物的思想意识，从而探究人物的内心世界，展现人物的心理状态，诉说人物内心感情，使叙时人称可以出入人物的思想意识内外而毫无阻隔。

3. 第三人称。以局外人的口吻来叙述的，称为第三人称。这种叙述是作者站在旁观者的角度，用第三者的口吻来叙述，将“他”“她”“它”或“他们”的经历或事情的变化过程告诉读者。第三人称是最自由灵活的叙述角度，它可以根据作者的需要随意转换时空，它是多角度、多方位的。这种视角的叙述，不受范围限制，能够自由地反映社会生活。然而，美中不足的是，它不像第一人称那样有亲切感。

（二）叙述方法

常用的叙述方法按先后顺序分为：顺叙、倒叙、插叙、补叙、平叙。

1. 顺叙。按照时间的先后，空间位置的转移，作者或人物思想情感发展的进程，人物活动的顺序，或事件的始末来进行叙述。这是一种常见的、基本的叙述方式。这种叙述线索清楚，层次分明，合乎读者的认知习惯。运用顺叙要注意详略得当，避免平均使用笔墨、生硬呆板、平淡。

2. 倒叙。将事件的结局或某个突出片段提到前面来写，然后再按事件的发生、发展顺序展开叙述，又称“倒插笔”。倒叙突出了事件的结果和高潮，可以造成悬念、形成跌宕起伏的波澜，引人入胜。运用倒叙，要从写作需要出发，不要故弄玄虚，为倒叙而倒叙。

3. 插叙。在叙述主要事件的过程中插进另一有关事件的叙述，然后再接上原来的主线写，就叫插叙。插叙可以辅助展开主要事件的脉络，丰富文章内容。插叙的内容可以是对往事的回忆联想，可以是对某些情况的解释说明，还可以介绍相应的背景。插叙在断与续之间营造了一种变化的氛围，使文章内容曲折、跌宕，错落有致。插叙不宜太过频繁。运用插叙要注意把插叙的起止点处交代清楚，过渡要自然，衔接要紧密。

4. 补叙。在叙述的过程中，对前面的事件做某些补充叙述，就是补叙。补叙一般不发展原来的情节，只起丰富补充的作用。它是对前文所设伏笔做出回应，或弥补前文叙述不清楚之处。补叙可以使文章内容完整充实，结构完善，叙述严密，不留破绽。

5. 平叙：对同时发生的两件（或多件）事情进行分别、平列的叙述，又叫分叙。即“花开两朵，各表一枝”，先叙一件，再叙一件。也可以采取几件事情并行交叉的齐头并进的叙述方法。这种方法可以使头绪繁杂的人与事表现得有条不紊，扣人心弦，突出紧张气氛，增强表达效果。运用平叙时要注意把几个并列事件发生、发展的起止点交代清楚，防止头绪混乱。

二、叙述的要求

（一）交代明白

叙述时要将客观事物发展变化的过程交代清楚，即时间、地点、人物、事件、原因、结果这叙述的六要素交代清楚。叙述时可以灵活掌握，可以直接交代，也可侧面间接说明。

（二）线索清楚

线索是贯穿于文章中的作者的思路的反映。要将纷繁复杂的客观事件叙述出来，必须注意叙述线索清楚明晰。叙述时要准备充足的材料，认真分析，找出材料间内在联系，确定主线，安排副线，将繁多的材料由主线和副线贯穿起来，形成一个有机整体，使复杂的叙述井然有序，清楚明白。

（三）详略得当

叙述要主次分明，重点突出，切忌写成“流水账”。凡与主题表达相关的材料要泼墨如玉，详细叙述；凡与主题不太密切的次要材料，要惜墨如金，粗略叙述。

（四）跌宕起伏

“文似看山不喜平”。现实生活中的许多事件并不是单一平淡、直线发展的，而是错综复杂，充满矛盾的。运用叙述手法再现生活，应跌宕起伏，迂回曲折，富于变化，这样才能使文章产生引人入胜的艺术魅力。

（五）写出过程

叙述的一个本质特征，就是过程性。也就是说，不管是用概括叙述还是具体叙述，都要把过程写出来。这本来不是一个问题，但目前在一些非文学类的叙事文体中，往往忽略了这一点。忽略了叙事过程，也就会忽略叙事的详略、节奏等。

第二节 描 写

一、描写的含义

描写是用生动形象的语言将描写对象的状貌、情态描绘出来。它是记叙文的主要表达方式。在一般的抒情、议论、说明中，也可作为一种辅助手段来使用。准确生动的描写，可以使读者如见其人、如闻其声、如临其境。

二、描写的分类

（一）从描写的疏密程度或风格上划分，可分为白描和细描两种

1. 白描。是用朴素洗练的笔法，寥寥几笔将描写对象的主要特征勾勒出来，是一种近乎叙述的描写方法。它来自于国画的技法，是单纯用线条勾勒物象，不加任何渲染和色彩。人们将它用在文章描写上，表现出一种简约、不注重修饰、不加烘托，重在传神的写作风格。鲁迅先生就是一位擅长白描的大师，他在小说《药》中无论写景、叙事，还是写人都运用了出色的白描手法，比如“刽子手康大叔”的出场，作者用了一个“浑身黑色的人”，“眼睛正像两把刀”这样的肖像白描和“一手交钱，一手交货”这样的语言白描。以及“抢过”“扯下”“裹了”“塞给”等一系列粗暴的动作白描，寥寥几笔就把凶残贪婪的刽子手形象特征充分地展示出来。

2. 细描。又叫工笔，是用细腻的笔法，对描写对象的某些方面做精雕细刻的描写。此类描写文字细腻、色彩浓郁，常常借助于比喻、夸张、对比等修辞方法，将客观事物复杂多面的特征，具体而细腻地表现出来。

（二）从描写的角度上划分，可分为直接描写和间接描写

1. 直接描写。又叫正面描写，指对描写对象进行直接的、具体的描绘。这是文章写作中最常见、最基本的描写手段。一般的人物描写、景物描写、场面描写、细节描写多采用这种描写方法。

2. 间接描写。又叫侧面描写，对描写对象不进行正面描写，而是通过与之相联系的周围事物的描写，来映衬、烘托被描写的对象。

（三）从描写者同描写对象的关系来分，可分为主观描写和客观描写

1. 主观描写。就是作者带着主观感情去描写客观事物，在展现主观对象的过程中，渗透着作者主观上的喜怒哀乐的思想情绪。这种描写多出现在文学作品中，饱含着作者对人生的感悟。

2. 客观描写。就是不带有作者的主观情绪，客观、具体、准确地描写被描写对象。这种描写多用于科学技术性较强的文章。

三、描写的要求

（一）目的明确

文章的表达要为表达内容服务，作为表达手法之一的描写当然也不例外。在文章中何处该写，何处不该写，用何种描写都要有明确的目的，要从表达主题，刻画人物，渲染气氛出发，不能为描写而描写。

（二）重点突出

无论写景还是心理刻画，都要把景物和人物写活，不能毫无选择地把可供描写的地方全都细腻逼真地描绘出来。必须抓住能反映描写对象本质特征的地方，倾注全力加以刻画。去掉多余的内容，保留特征，突出重点。这样才能使描写的人物或景物个性鲜明，生动逼真，跃然纸上。

（三）形神兼备

形神兼备是文章写作中一切成功描写所必备的条件。

一些初学写作的人，往往在描写中只见形貌不见精神，写人物肖像只选择一些陈词滥调往人物脸上摆水果拼盘，写景物只是热衷于风花雪月词汇的堆砌，根本看不出人物和景物的内在灵性和风采。追究其原因，主要是由于对描写对象观察不仔细，揣摩不深刻，不善于透过现象看本质，不善于挖掘描写对象的精神实质。

英国作家非尔丁说：“我们说某画家画的人物真像是在呼吸似的，大家都认为这是对它无上的推崇，殊不知若说画的人物真像有思想似的，这更像是更大更崇高的赞许。”这段话告诉我们，对客观事物的描写，不仅要求形似，而且要求神似。所谓形似就是把描写对象的外部面貌和情态形象地表现出来，就是把这种描写延伸到描写对象的内部深层次，揭示其内在的底蕴和神采。对于任何一个客体对象的描写，没有外部的“似”，内部的“神”，就失去了基础。但仅仅停留在外部的“似”上，而放弃了对内在“神”的追求，其结果是被描写的对象就变成没有生命和光彩的躯壳，只有把“形”和“神”的描写融为一体，才能使被描写对象生动逼真，呼之欲出，活灵活现。

四、描写的对象和技法

客观事物中形形色色的具体面貌、情态都属于描写的对象。根据对象的不同，具体分为人物描写、环境描写、场面描写、细节描写。

（一）人物描写

1. 肖像描写。是指对人物外形特点的描写，它包括人物的容貌，神情，姿态，服饰等方面的描写，它是刻画人物形象的有效手段。成功的肖像描写不仅能够细腻地刻画出人物的外部特征，而且能够以形传神，透过人物的外部特征描写，鲜明地揭示出身人物的身份、性格和内心世界。肖像描写重在形似的基础上追求神似。

2. 语言描写。就是对人物对话、独白及其语气状态的描写，语言描写的突出特点是作为刻画人物形象的重要手段之一，要力求抓住个性化的语言来描写，要符合生活的逻辑性和人物的性格、思想。人物的思想感情主要靠语言来表达，准确的语言描写不仅能揭示人物的内心秘密，而且还能生动地刻画出人物独特的性格特征。鲁迅先生说：“使读者看了对话，这样好像目睹了说话的那些人（鲁迅《花边文学看书琐记》）。”

3. 行为描写。是指对人物行为动作的具体刻画，典型的行为描写不仅要描写出人物在特定环境之中做出来的事情，而且还要描写出此人物是以什么样的方式完成相关的行动。黑格尔指出：“能把个人的性格、思想和目的最清楚表现出来的是动作，人的最深刻方面只有通过动作才能见之于现实（黑格尔《美学》第一卷）。”这样看来，行为描写是展示人物性格，揭示人物内心世界最有力手段，行为描写既要精选最能表现人物思想性格的动作，又要注意在矛盾冲突中展现人物的性格特点。

4. 心理描写。是指对人物在一定情境中所产生的内心想法、感触、情绪和意识等心理活动的描写。它是对人物的思想活动和内心世界的反映，它包括人在特定环境下对事物的看法、感触、联想以及人的各种心态、幻觉、意识的流动等。心理描写可以直接表达人物的精神世界，从而透视出人物的感情和思想，是深入刻画人物性格的手段，心理描写可以直接剖析人物的心理或由人物自己去倾诉，也可以通过人物内心独白，用传神的动作和富有表现力的对话等方式去表达。

心理描写多种多样，一般可分为：直接心理描写和间接心理描写。直接心理描写有时用作者的语言把复杂的心理活动客观地加以描述和剖析，有时用内心独白的方式将内心的隐秘倾吐出来，有时还可以借助于幻觉来表达人物的内心世界。间接心理描写是指借助于人物的肖像、表情、动作、语言以及外界景物的描写来间接烘托人物的心理。心理描写一定要根据表现人物和情节的需要来描写。

（二）环境描写

是指与作者或人物发生直接联系的那些外界条件的描写，是对自然景物和社会环境的描写，它在展示时代风貌，烘托人物心理，渲染故事氛围，增强文章感染力等方面都有着不可替代的重要作用。

1. 自然景物描写

是指对自然界中的天地日月、自然气候、山川湖海、草木昆虫等自然景物的描写。自然景物有时成为主要描写对象，作者由此抒发思想感情。在更多的情况下，它作为写作的辅助手段为表现人物和事件服务，自然景物可以是人物活动的场所，并以此暗示人物的心境，推动故事情节的发展。自然景物的描写主要有两个方面的作用：首先，交代故事发展的时间地点，衬托作者或人物的感情或心境，为人物的活动提供环境背景。其次，自然景物的描写可以渲染气氛，烘托人物性格，推动故事情节有秩序地发展。

2. 社会环境描写

是对人物活动和事件展开的时代、社会背景、民俗风尚、人物关系的描写。主要体现在对人物活动的具体背景、处所、氛围和人与人之间的关系描写上，社会环境是形成人物性格的客观条件。社会环境描写可以分为以下两种情况：

（1）通过对某个特定历史时期的某种生活情景的描写，为人物出现提供广阔的社会背景。

（2）对人物生活的具体环境的描写，比如对室内的陈设、格局、色调等方面的描绘来烘托人物的兴趣、爱好、秉性、气质、理想、情操等方面的思想性格。

描写景物无论是自然还是社会的，都要为刻画人物、推动情节、揭示主题服务。

3. 场面描写

是指面对特定的时间和空间以及环境，以人物活动作为中心，对总体生活画面的描写。它主要体现在人物与人物之间，相互发生关系而构成的人物活动的动态描写上，也表现在作为人物背景的特定环境的渲染上。场面描写是在人物与环境交相辉映中进行的描写，通过场面中的人和环境来渲染气氛，刻画人物性格。形象性和流动性是场面描写的基本特征。

4. 细节描写

是对生活中典型意义的细微动作：表情、行为的描写，它是记叙性文章的最小描写单位。在记叙性文章中无论是刻画人物性格，还是展开故事情节，还是描绘典型环境都需要通过真实生动的细节描写，把那些最细微，最本质的情形特点鲜明逼真地展现在读者面前。没有细腻的细节描写就没有真切生动的艺术形象，就不会产生作品的艺术感染力。《儒林外史》中的严监生死前伸着两根手指，《欧也妮·葛朗台》中葛朗台老头拼命抓住牧师的金十字架想将金子据为己有，这些精湛的细节在刻画人物形象，表现人物思想性格上起了重要的作用。细节描写必须入情入理，符合生活的真实性。

第三节 抒 情

一、抒情的含义

所谓抒情，是指作者渗透在文章内容中的喜怒哀乐等诸种情感。一般说来，抒情是一种抽象事物，看不见、摸不到。作者抒写情感，都必须通过叙述事物、描写形象、议论问题等显示出来。

二、抒情的分类

（一）直接抒情

就是指作者或人物直截了当地表露自己在现实生活中激发出来的思想

感情。这类抒情往往借助于直接表达的手法来展现。它可以是直白地表达，也可以激情如火地倾吐，还可以气势奔放、感情炽烈地抒发，或将抒情对象拟人化。直接抒情是作者真情的流露，并非矫揉造作的空洞呼喊。直接抒情的运用一定要经过充分的酝酿，在层层铺垫的基础上作者的感情才能一泻而出。

（二）间接抒情

就是在写人、叙事、状物、说理的过程中，通过叙述、议论、描写等方式来抒情。这种抒情往往比较委婉含蓄，它包括以下四种情形。

1. 借事抒情。是借助于叙事抒发强烈的主观感情。作者往往站在客观的立场上，对事件发生的全过程加以完整地叙述，而通过叙述来抒情，字里行间蕴含着作者鲜明浓烈的主观感情色彩。

2. 寓情于景。是指通过景物描写来抒发主观感情。这种抒情是情由景生，感情是受景物激发出来的。写景不是单纯地描写山水，而是通过对景物的描写表达作者的感情。王国维在《人间词话》中说："一切景语皆情语。"由此可见，情与景是不可分割的。运用这种写作方式可以触景生情，也可以情景相生，无论采用哪一种方式，都要充分挖掘对景物的深刻感受，都要营造一种情景和谐统一的氛围。

3. 借物抒情。是借助对具体事物的描写来寄托作者的人生感悟。它往往用象征、比喻、拟人等手法将作者的感情表达得含蓄委婉、曲折动人。采用这种方式要选择有特色的事物寄托感情，要抓住事物独特的内在品质使之人格化。

4. 寄情于理。是借助于议论来抒发感情。这种议论不追求充足的论据和严密的论证，而一定要使作者感情饱满地写出对客观事物的评价来达到抒发主观感情的目的。这种抒情多用于记叙类文章或杂文，抒发感情要有极强的感染力和说服力，论述的道理要有哲理性。

三、抒情的要求

（一）真诚

写作贵有真情，抒情要抒发作者真情实感。这是由于作者在生活中对借以抒情的事物产生了深刻的认识，情动于衷，不吐不快，这时抒发出来的感情才能引起读者的共鸣，才可以起到审美教育的作用。

（二）健康

作者所抒发的感情，不仅仅要抒发个人思想感情，还要体现时代感，抒发积极向上的健康有益的感情。

（三）服从表现内容的需要

作为一种表现手段，抒情总要为表达文章内容服务，并受内容的规范和制约。如果抒情失去了内容的限定和控制，它就会处于一种游离状态，达不到突出主题的目的。

第四节　议　论

一、议论的含义

议论是作者对某个议论对象发表见解，是依据事实或理论，运用概念、判断、推理和分析的手段对某些事物发表自己的见解或主张的一种表达方式。议论是对客观世界做理性的认识和概括，它揭示出事物的本质特征，它是客观的、全面的。它的作用在于使文章鲜明深刻，具有较强的哲理性和理论深度，议论的本质是它的抽象概括性。

二、议论的要素

（一）论题

是指议论的内容和范围中需要解释分析的问题，问题的提出是议论展开的前提和基础。

（二）论点

是作者要阐明和论证的观点、主张、见解。它是对论题的解答和阐述、证明。论点是议论的核心要素，它起着统帅全文的作用。论点分为中心论点和分论点两种，

1. 中心论点又叫基本论点或总论点，是作者对所论述问题最主要、最基本的看法和主张。它在全文中起总领、统帅的作用。

2. 分论点则是从中心论点中派生出来的若干小的思想观点，它从属于中心论点，并为阐述中心论点服务。从某种意义上说，它是中心论点的

论据，它和中心论点的关系是局部与整体的关系。

（三）论据

是用来证实论点的依据，是作者确立观点的理由。论据是议论的基础，在阐述论点的过程中，论据所起的作用是用事实说话。

论据分为理论论据和事实论据两类：理论论据是指从实践中产生又经过实践检验的思想理论，它包括经典著作的引用、权威性的言论、科学的定义、自然的法则和规律以及一般的公理、常识、成语、谚语、寓言等。事实论据是指用来阐明观点、说明问题的现实和历史材料。

（四）论证

是运用论据来证明论点的过程和方法，它的作用在于揭示论点与论据之间的逻辑联系，使论据很好地为证明论点服务。在一段完整的议论中，论点是统帅，论据是基础，论证则是沟通以上两者之间内在联系的桥梁，使论点与论据统一。论证要通过剖析事理，显示出论据与论点的内在联系，使论点得到确立，让人们接受论述者的主张。

三、议论的分类

议论主要分两大类，一类是针对一些问题和事件从正面阐明作者的主张与见解，以“立”为主，称为立论。另一类是驳斥对方的论点，以“破”为主，称为驳论。

（一）立论的要求和方法

立论是一种应用比较广泛的议论，在写作上应该注重以下几点：

1. 选择有意义的论题。论题是文章所要论证的对象，论题的选择是否有意义是决定文章社会价值高低的关键。选择有意义的论题，一般可以从以下三方面入手：首先，选择普遍存在迫切需要回答的社会问题，其次选择处于萌芽状态的带有倾向性的问题，再次选择具有学术价值的问题。

2. 确立正确见解，挖掘深刻论点。任何一篇议论文都有一定的社会作用，只有论点正确才有助于人们正确地认识客观事物，有益于社会的进步，正确的论点具有反映客观事物本质规律的属性，是经得起实践的检验的。议论文中的正确论点来自于对客观事物的本质性规律的客观把握，作者需要坚持马克思主义的科学观和方法论，观察事物、剖析事物，由表及里地把握科学的内涵。论点不仅要正确而且要深刻，正确是深刻的前提，深刻是在正确基础之上，对论点提出的更高要求。论点深刻，要求作者有科学探寻真理的精神和态度，敢于冲破传统的思维模式，挖掘事物深层次的内涵，探寻和发现前人未发现的新见解、新观点。

3. 使用确凿、充足、具有说服力的论据。论据是论点赖以生存的依据，一篇好的文章不仅要有正确深刻的论点，还要有充足的论据，这样才能使文章具有说服力，论据确凿，就是用作论据的材料必须是真实准确的。论据要充足，一定要使材料充分、丰富、有血有肉，比如吴晗的《谈骨气》为了论证“我们中国人是有骨气的”这个中心论点，他引用了孟子的“富贵不能淫，贫贱不能移，威武不能屈，此之谓大丈夫”的警句作为理论依据。接着依据孟子这三句话列举了三个典型事例：第一个是南宋将领文天祥被俘后为保持民族气节而拒绝高官厚禄慷慨牺牲的富贵不能淫的骨气；第二个是我国古代一位穷人因不食嗟来之食而宁可饿死“贫贱不能移”的骨气；第三个是闻一多拍案而起，横眉怒对国民党的手枪，宁可倒下去也不愿意屈服的“威武不能屈”的骨气。这三个事实论据与前面的理论论据一一对应，准确真实，充足丰富，全面而又充分地论证了全文的中心论点，进行了富有逻辑性的论证。

4. 论证是运用论据来证明论点的全面推理过程，是一种运用材料来证明论点的逻辑方法。论证是揭示论点与论据之间内在的逻辑关系，使材料和观点有机统一的方法，在用论据证明论点时，首先要对占有的材料进行分析，形成准确的概念，再运用准确的概念进行恰当的判断，进行合乎逻辑的推理，这样才能从论据中推导出论点，使论证充满严密的逻辑性。

（二）驳论的要求和方法

驳论可从驳斥对方的论点、论据、论证三个方面入手：

其中驳斥论点是最重要的。反驳论据、反驳论证都是要达到反驳论点的目的。

1. 反驳论点。就是用事实和道理来证明对方的论据是错误的，是不成立的。

2. 反驳论据。就是用事实或道理来证明对方的论点是虚假的，这样一来，他的论点也站不住脚了。

3. 反驳论证。指出对方在论证过程中论点与论据之间缺少必然联系，从而达到推翻论点的目的。

四、议论的方法

（一）例证法

也叫举例论证法。就是以古今中外的事实作为论据，举例证明论点，运用归纳推理的形式来进行论证。这种方法说服力强，容易被读者接受。运用例证法要注意对例子的分析和解读。

（二）引证法

就是引用权威性的理论，或科学上的定理、公理以及名言警句来证明论点，运用普遍性的论据来证明特殊性的论点。这是演绎推理的逻辑方法，具有权威性、说服性。

（三）因果论证法

就是通过分析问题，剖析事理，揭示论点和论据之间的因果关系，从而阐明论点的正确性的方法。因果论证可以由果及因，也可以由因及果，还可以因果互证。运用因果论证法，要保证论点与论据之间应有的必然因果关系。这种方法运用得当，可使论证有力，逻辑性强。

（四）比喻论证法

就是通过打比方，用具体事实证明抽象道理的论证方法，这种方法论证得当、形象生动、说服力强。

（五）对比论证法

就是将两种性质、特征各不相同的事物加以对照，使他们彼此的本质属性显现得更加鲜明突出，在使用对比论证法时要注意两种事物一定要具有可比性。

论证方法除了上述五种以外，还有类比法、反证法、归谬法等等。所谓类比法，就是将某一事物与另一类事物的某些相同方面进行比较，以另一事物的正确或错误来证明这一事物的正确或错误。所谓反证法就是不从正面直接证明自己论点的正确，而是从证明与这个论点相反的论点的荒谬入手来间接证明自己论点的正确。所谓归谬法，就是先假定对方论点是正确的，然后用它做前提，推导出一个极为荒谬的结论，从而证明对方论点不能成立。

第五节　说　明

一、说明的含义

说明是运用简明准确的语言把事物的形状、性质、特征、成因、关系、功用等方面解说清楚的一种表达方式。这种被说明的对象可以是实体的事物，如山川、河流、花草树木、建筑等，也可以是抽象的道理，如思想、意识、修养、观点、概念、原理等。说明这种表达方式运用广泛，可以用作科学报告、教科书、产品说明书等方面。这种表达的方式也是一般的记叙文、议论文和文学作品当中常用的辅助表达手段。我们常见的有叙述事件、介绍人物、交代背景、解释概念、提供数据等。这些说明文字能使文章更加清晰、明了。

二、说明的要求

（一）内容科学客观

采用说明这种表达方式常常用来表现知识性较强的事物或道理，其中无论是总结自然科学研究成果的学术论文，还是介绍生产技术知识的科普读物，其内容都应具有强烈的科学性。所谓科学性就是把客观事物的特征、本质和规律极为准确地揭示出来，做到概念准确、命题正确、推理清晰、给读者以准确科学的认识。

（二）表述明晰准确

说明的目的在于把事物的现象和道理说清楚。表述明晰主要表现在解说事物或道理时要有一个明晰的顺序，把握住要说明的问题和要点，按照被说明对象本身所固有的规律和特征有次序地进行说明。这样的说明才能做到程序恰当、条理分明。由于事物的特征不同，组织材料的顺序也不同，有的是以时间发展顺序去组织安排材料的，有的是以空间位置的转移为顺序来组织安排材料的，有的是以人们认识事物的规律，由浅入深，由简单到复杂，由具体到抽象等循序渐进的逻辑顺序来组织材料的，有的是以生产工艺的程序作为顺序来组织材料的。对于比较复杂的事物或道理，作者往往把时间、空间、逻辑等顺序综合起来加以说明。

表述准确，主要表现在语言运用的简明上。说明的语言要简洁、明确、不繁杂、不混乱，用极其精炼的词句准确恰当地说明事物本来的面目。

表述明晰准确不单是文字表达能力的问题，更主要的是作者对说明对象的认识与理解的问题。初学写作的人，在说明某个事物时，往往会出现层次混乱，语言含混不清的毛病。这是由于对说明对象缺乏准确科学的认识和理解。因此初学写作的人必须对所说明的对象进行精细地观察和深入细致地分析研究，准确地把握事物的实质和规律。这是表述准确明晰透彻的前提。

（三）态度必须客观

说明这种表达手段一般用来解说具有较强科学性的事物或事理的。科学本身是不以人的意志为转移的，因此准确地反映它，作者必须站在冷静的客观立场上对事物进行实事求是地解释说明。而不能以自己主观的兴趣、爱好和感情、好恶作为解说评价事物的标准。

三、说明的种类

说明的类别从不同的角度看有不同的方法。根据说明的形式可分为简单说明和复杂说明。根据说明的语体可分为科技性说明和文艺性说明，根据说明性质和目的可分为阐释性说明、简述性说明、实用性说明。根据说明的对象可分为对具体事物的说明和抽象事理的说明，这是一种最常见的说明分类。

四、说明的方法

说明的方法主要有定义说明、解释说明、比较说明、数字说明、分类说明、举例说明。

（一）定义说明

就是以下定义的方式来说明事物，用简洁准确的语言揭示事物的特有属性和本质属性，同时揭示被说明对象的内涵和外延。每个定义说明必须包含两个内容，一个是事物的“属”即被定义对象所属的更高层次的概念。另一项内容是“种差”，也就是被定义对象与它同类事物的差异。定义说明一般不使用负概念，也不能用比喻给事物下定义。要准确概括事物的特有属性或本质属性，避免定义过宽或定义过窄。

（二）解释说明

就是对事物的概念、性质、特征、成因等方面做简要的注释并加以说明，有助于读者更深入地理解被说明对象。它虽然只是揭示被说明对象的部分内涵或某一个侧面，但却可以用多次解释的办法逐步将被说明对象的性质、特征揭示出来，给读者一个完整的印象。这种方法有利于深入浅出地说明事物和道理。采用这种说明方法，解说部分可以融合在行文当中，也可以用括号或破折号的形式加以标志。这种方法与定义说明所不同的是解释的内容比较宽泛，不如定义的内容那样严谨、规范。

（三）比较说明

就是将两个以上的彼此有一定联系和相同点的事物作比较，说明事物的性质、特征。这种方法可以把较抽象的事物解说得比较鲜明、形象。这种方法有两种，一种是相同事物的比较，另一种是不同事物的比较。

（四）数字说明

就是运用准确的数字对事物进行说明的一种方法。它可以把某些用数量来显示特征和本质的事物说得更简约精确。

（五）分类说明

就是根据事物的性质、形状、成因、关系、功用等方面进行分类并加以说明。这种方法可以把某些比较复杂的事物的不同方面的特征按照种属关系进行分类、说明，使条理清晰，明白易懂，有利于对事物本质属性的认识。这种说明方法适用于比较复杂的事物。分类说明的具体方法，有一次分类法和多次分类法。一次分类法是指按照同一个标准对被说明对象进行一次划分，多次分类法是从不同的角度，用不同的标准对同一事物做多次分类。

（六）举例说明

就是列举典型例子说明事物的一般特征，这种方法可以把事物的本质及特征解说得更具体、更有说服力。

【思考练习】

1. 以《雨后》或《初雪》为题，描写景物，三百字左右。

2. 以你以往阅读的作品为例，辨析叙述和描写的区别及含义。

3. 选择你熟悉的人进行肖像描写，不仅要形似，而且要神似。

4. 试以第二人称的角度，叙述你喜爱的一位教师讲课的情景。（要求：人称准确，注意人物的肖像、心理、语言、行为、细节的描写）

5. 分析下面两首短诗中的写作技法：

(1) 红豆生南国，春来发几枝。愿君多采撷，此物最相思。（王维《相思》）

(2) 小巷又弯又长，我用一把钥匙，敲着厚厚的墙。(顾城《小巷》)

6. 运用所学的写作技法，把下面三段文字扩写成一篇600字左右的文章：

(1) 某公司经理王先生招聘了一位女秘书杨小姐，一个月以后却辞退了她。

(2) 小明放学回家，发现爸爸和妈妈吵架……

(3) 王女士下岗后，开了一家小茶馆，有一天来了一位意想不到的客人……

7. 从表达方式的角度，分析下列短文的写作特点。

(1) 中国历史充满了悲剧，但中国人怕看到真正的悲剧。最终都有一个团圆，以博得情绪的安慰，心理的满足。唯有屈原不想大团圆，杜甫不想大团圆，曹雪芹不想大团圆，孔尚任不想大团圆，鲁迅不想大团圆，白先勇不想大团圆。他们保存了废墟，净化了悲剧，于是也就出现了一种真正深沉的文学。……诚恳坦然地承认奋斗后的失败，成功后的失落，我们只会更沉着。中国人若要变得大气，不能再把所有的废墟驱逐。（余秋雨《废墟》）

(2) 早晨的蒙蒙雾气中，太阳升到断崖的上空来了。太阳的光芒照的格里高利的没戴帽子的头上的密密的白发闪着银光，从苍白的，因为一动不动而显得很可怕的脸上滑过。他好像从一场噩梦中醒过来，抬起脑袋，看见自己头顶上是一片黑黑的天空和一轮耀眼的黑色太阳。（肖洛霍夫《静静的顿河》）

第六章　文　风

【要点提示】

1. 把握文风的基本含义。
2. 了解影响文风的基本要素。
3. 树立正确的人生观、价值观，明确“文以载道”的意义。
4. 了解观察力、感受力、思维力、想象力的培养方法。

第一节　文风概述

一、文风的内涵

所谓文风，就是文章所体现的思想作风，或文章写作中某种倾向性的社会风气及作者语言运用的综合反映。它具有时代性、民族性的特征，是社会上带有普遍性和倾向性的文章现象。

二、影响文风的要素

文章所体现的思想作风与以下因素相关：

（一）作者的基本素养

1. 生活素养

生活是写作的唯一源泉，是写作的前提和基础。大诗人杜甫亲身经历了安史之乱，身受颠沛流离、饥寒交迫之苦才写成了名作“三吏”“三别”；《三国演义》的作者罗贯中曾在张士诚军中做过幕僚，参加过元朝末年的农民起义，所以他写三国演义的大小数百次战役互不雷同、各有特色。丁玲和周立波参加了土改斗争才创作了荣获“斯大林文学奖”的《太阳照在桑干河上》和《暴风骤雨》；刘绍棠一直生活在养育他的运河边上，他才写出了像大运河那样富有诗意的小说《运河的桨声》和《蒲柳人家》。刘绍棠说：“我对我们村的人太熟悉了，我们村里有一百户人家，每一户都可以写成一部小说。”

对自己反映的生活不熟悉，没有深切体验的人凭借想当然，闭门造车，不管头脑如何聪明也写不出好文章来。正如一面镜子，无论反光能力多么强，如果把它放在黑暗处，它是一定反映不出什么东西的影子来的。黑格尔说：“单纯的心血来潮无济于事，单靠有心要创作的意念也召唤不出灵感来。”要写出思想深刻、内容充实的好文章，作者一定要深入生活，多参加生活实践活动。一定要写自己熟悉的生活，特别是自己亲身经历的生活。有了亲身的所遇、所见、所闻才容易写得真切与深刻，比如高尔基曾经写“赤脚汉饿肚子”，因为他曾经做过流浪汉，对饿肚子的生活深有体会。曹禺的话剧《日出》写得很成功。曹禺讲为了写《日出》，他多次到天津的妓院和烟馆去了解下层人民的生活，有了这样的经历才能见得真、道得出。

要加强生活修养、丰富生活积累，这样才能有写好文章的雄厚基础。

2. 学识修养

写作是一种综合性的智能劳动，有了知识不见得写得出好文章，但如果缺乏知识一定写不出好文章。古今文章大家无一不是博览群书，饱学多识之士。杜甫自述：“读书破万卷。”欧阳修讲：“一生勤苦数千卷。”关汉卿说他是“读诗书过万册”。郁达夫在日本仅几年时间就读了几千册书，冰心说她读的书很多很多连书名都写不完，列夫托尔斯泰藏书三万两千五百册，其中上万册书页上留下他阅读时亲笔批注。鲁迅先生写《狂人日记》在若干方面仰仗他学过的医学知识，罗曼·罗兰酷爱音乐才能在《约翰托里斯多夫》中把音乐欣赏的场面写得楚楚动人，托尔斯泰在小说《复活》中，把审讯、法庭辩护、监狱和劳役生活写得生动逼真，合情合理，是因为他通晓法律。有人说作家应该是无所不知的人，他们不仅有丰富的书本知识，而且有丰富的生活知识，有个人的兴趣爱好，这样才能写出优秀的作品。

3. 人格品位

优秀的人格品位是人们从事一切文化活动的动力源泉。写作是富于个性化的精神劳动，作者的精神气质和人格品位必然对其写作的作品产生巨大影响，即语言是心灵的声音，文章就是作者人格品位在书面语言中的回声，作者的气质决定了文风。

人格品位影响文章的选材立意。文章的产生要经历由物向到意向，再由意向到文章的转换过程，选什么样的题材，有什么样的立意，起决定作用的是作者是什么样的人。作家的才能、修养、智力的发展对选择材料起着重大的作用，实践证明即使同一则材料，不同的人也会从不同的角度去选择，不同的角度、不同的视线就会形成不同的主题，这就是说文章立意的深刻与否、正确与否、新颖与否取决于作者的思想品位。

人格品位决定文章的格调、价值。文章的格调有高有低，文章的价值有大有小，文章的格调取决于作者的人格境界，文章的价值来自于作者的思想水平。格调就是品位，格调不同于风格，风格来自于作者的精神气质，格调来自于作者的思想观念，有高尚的人格品位才会有高尚的文章格调。屈原有“先天下之忧而忧”的情怀才写出不朽诗篇，李白以孤傲不屈的风骨铸造了凌厉奔放的诗句。古代的思想家、文学家都十分强调作者人格的提升，他们以天下为己任，养成高尚的人格、开阔的胸襟、旷达的情怀。

4. 审美理想

审美活动是人类特有的活动，是一种欣赏与体验的活动，普通人的审美理想可以表现为对美的追求和选择，同时又可以转换为净化思想情感的力量和文化创造的动力。人们对美的追求渗透到生活的方方面面，比如对衣食住行除了实用的要求，就是审美的要求。人们十分注重审美理想的创造。文章是作者按照美的规律创造的结果，它总是从不同角度体现作者追求美的意图。各种各样的文体都体现了美的内涵和对美的传播，文学作品中既有形象美，也有情感美，还有意境美，体现其审美价值。美的创造需要一种激情。作者路遥在创作他的小说《平凡的世界》时倾注了他所有的愿望、追求与激情，他徜徉在自己的精神世界里，把自己的思想意志灌注到这部小说里去。

（二）作者运用语言的创造能力

1. 观察力

观察是作者凭借自己的眼睛耳朵和其他感觉器官对客观事物进行有计划的目的性很强的自觉认知过程，是作者必须掌握的最基本能力。它是搜集写作材料的重要途径，它能提高作者的写作素养，它能激发作者的创作灵感，作者的观察能力具体表现在对观察对象即自然生活和人生的注意力、鉴别力和联想力。这三个方面构成观察能力的要素。

注意力就是用自己的视觉、听觉、嗅觉、味觉以及内心去感受事物的本来面目，注意力为观察力的培养打下坚实的基础。鉴别力，作者在集中注意力的同时还要善于比较同中之异或异中之同，鉴别能力强才能在别人司空见惯的东西上发现出不同的美来。联想力，联想是由一事物想到另一事物的心理过程，它建立在相近、相似、相关、相应、相反或者在某一点上相同的基础之上，在观察中要极力展开联想，这样才能为写作提供丰富的材料。

在观察中要学会运用定位观察、移位观察、比较观察等方法。

（1）定位观察。指作者确定某一观察点从这一特定的位置、角度对事物做观察。常用的观察点有三种，其一是鸟瞰式，就是居高临下的观察对象的总体面貌，其二是分解式，就是将观察对象分解成各个部分逐一进行观察，其三是聚焦式，仔细观察某一事物的突出特征，并从中透视事物的全貌，也称以点带面观察法。

（2）移位观察。指作者变换观察的距离与角度来观察，也称移步换景法，这种观察法能使观察者得出全面生动的观察结果。

（3）比较观察。指将某一观察对象与其他对象进行比较，在比较中分辨出相互的特点与异同，从而获得准确的观察结果。比较观察分为横比观察和纵比观察，横比观察是比较不同的观察对象在同一个时期和同一个环境之下相同点和不用点。纵比观察就是比较同一个事物在不同时期的异同。

观察力是智力的基础。积累生活，最重要的是提高观察力。高尔基强调要把观察变成作者的第二天性。巴尔扎克把观察作为创作的组成部分，他说："文学艺术是由截然不同的部分——观察和表现所组成的。"契诃夫认为观察是创作的首要因素，要求作家要把自己锻炼成一个目光敏锐、永不罢休的观察家。作家要使自己拥有不同于一般人的眼睛，即“艺术家的眼睛”。这双眼睛可以透视生活，观察事物，能探视到事物的内核；观察景物，能发掘景物的蕴蓄；观察人物，不仅能看到他的衣着、肤色、面相，更重要的是，能洞察人物的内心，连人物的身份、地位、性格都能判断出来，作家就有这样的观察本领。

2. 感受力

感受是指作者对客观事物的刺激产生相应的感觉、知觉所呈现的富有情感和个性的心理活动。是通过感觉了解外界事物的个别属性，再进一步了解、综合、形成事物的整体形象。它经历了三个阶段：感觉、知觉、表象。它不同于观察，观察侧重于客观的具体形貌，感受侧重于主观的情感活动。感受总是在观察的基础上进行的。感受可以激发写作热情、捕捉写作契机，积累写作材料。

感受能力不仅是写作主体由外向内的摄取能力，而且也是内在心理的加工能力。感受能力的培养包括三个方面。

（1）培养敏锐的感知能力。

（2）扩展丰富的情感趣味。

（3）追求独特的体悟能力。

感受的种类可分为两类：

（1）从感受器官划分有听觉感受、视觉感受、嗅觉感受、味觉感受等。这些器官形成了感受网络，在认识和把握对象世界中彼此交叉融合形成综合感受，以多角度、多层次、全面、形象地感知对象。

（2）从感受方式划分有直接感受和间接感受，直接感受就是作者亲自到社会生活中去动用试、听、嗅、味、触等感觉来体验生活，间接感受是指借助于阅读和耳闻来了解众多信息的感受方式。

3. 思维力

思维是人的大脑对客观事物的一种间接的、概括的、能动的反映。它以感觉、知觉、表象为基础，以语言为工具，通过由此及彼、由表及里的分析、综合、概括等形式，揭示事物的本质和规律。人的思维形式主要有三种基本类型：抽象思维、形象思维、灵感思维。

抽象思维是舍弃了具体的感性形象，运用概念、判断、推理，以分析与综合、归纳与演绎等为基本方法的一种思维形式。它是评论性、实用性文章写作主要使用的思维形式。

形象思维是自始至终不舍弃具体的感性形象的一种思维形式。它以表象为工具，通过联想、再现、想象来组成形象、画面的思维活动。它是文艺创作主要使用的思维形式。

灵感思维是指人们在科学或文艺创作中，突然出现的、稍纵即逝的顿悟、理解、豁然开朗的一种思维形式。这种思维可以使作者迅速获得精巧的构思、动人的情节、美妙的语句。

常用的思维方法有三种：

（1）归纳与演绎。归纳就是从个别到一般，就是指从众多个别事物当中找出它们共同的东西，概括出一般的原则的思维方法，比如文章的中心产生，就是对材料归纳的结果。演绎就是从一般到个别，就是从一般的规律性的东西而推出个别的特点，在写作中由材料提炼主题，主要运用归纳，而在主题基本确立来选择典型材料时就要运用到演绎的思维方法。

（2）分析与综合。分析就是在思维过程中把客观事物的主体分解为各个部分并逐一加以研究的方法。在写作中，作者分析的主要任务是敏锐地发现材料的独特价值，提炼推敲主题，安排结构方式，选择最佳表达方法。综合就是在分析的基础上，把对象的各个部分、各个环节、各种因素联系起来加以整体考察的方法，综合法是认识事物形成概念的重要手段。

在思维过程中分析与综合是互相联系、互相转化的，分析是综合的基础，综合是分析的目的。

（3）创造性思维。创造性思维是指突破已有的思维定式，在揭示事物本质的基础上提供优于他人的新的思路和方法，它是抽象思维、形象思维、灵感思维三种基本思维形式的有机综合，具有敏捷性、概括性、新颖性、深刻性等特性。由于写作实际上是一种思维活动，因此作者应当精于思，善于思，敏于思。

4. 想象力

想象是人对自己头脑中已有的记忆表象进行加工改造而创造新形象的心理过程。

想象的种类有以下三种：

（1）再造想象。依据语言、文字、图形、符号或别人对某一事物的描述，在头脑中唤起相应的新形象的心理过程，称为再造性想象。再造想象常用的方式主要有接近想象、相似想象、原型想象、推测想象等。再造想象对于写作有着重要的意义。

(2) 创造想象。创造想象是不以现成资料的描述和图片的显示为依据，而是根据自己头脑中原有的记忆表象，进行加工改造，分解，综合，从而独立创造新形象的过程。

(3) 幻想。幻想是指向未来的特殊现象。较之创造想象，它离现实较远，幻想出来的东西无论如何清晰鲜明也不能马上实现，而创造想象的东西可以很快付诸实践。幻想可以产生绚丽多姿的神话，如《精卫填海》《夸父逐日》《女娲补天》等。

第二节　文风展现的方式

一、思想作风对文章的影响

文章是人写的，因此首先是人的问题。古语说："文如其人"，就是说什么样的人写什么样的文章。文章要写的准确、鲜明、生动，首先要看写文章的人的思想、立场、作风怎样。你的思想正确、态度鲜明、作风正派，那么你写的文章也就有一定的准确性和鲜明性。

文风与作者的思想方法关系密切。文风，不仅仅是语言锤炼问题，主要还是作者的思想和思想方法的问题。首先，你有正确的思想、正确的观念你才能写出正确的文章。古人说："文以载道"，是指写文章要表达思想，因此思想是文章的核心。其次，文风同思想方法关系十分密切。比如逻辑方法、辩证唯物主义认识论等这些方法会指导我们写出好文章。你先要有正确的思想与思想方法才会用恰当的形式或语言把他们表达出来。思想和语言密不可分，思想是内容，语言是形式，内容决定形式，写好文章要努力把内容和形式统一起来，随着时代的不同，语言在逐渐改变，文风也随之改变，因此文风问题不是单纯的语言问题，它与思想方法有着密切的关系。

历代的文章大家都很重视作者的思想修养，"无本不立，无文不行（《礼记》）。" "道德者，文章之宗也（清吴定《海锋先生古文序》）。"

"本"即作者的思想、情操、修养，这是写作的根本和宗旨。陆游说："唯天下有道者，乃能尽文章之妙。""然知文章之不容伪也，故务重其身而养其气（《渭南文集上辛给事书》）。"这里的"有道"，"养其气"说的也是作者的修养。宋代的宋濂明确指出："为文必在养气"，并且认为这是"攻内不攻外，图大不图小（《宋文宪公全集文原》）"。宋濂把只是追求文字形式看作是"攻外""图小"，把重视思想修养看成是"攻内""图大"，这同后来袁宗道把"器识"看作"为文之本"是一致的。"士先器识而后文艺（《白苏斋类集》）"，"器识"也主要指作者的道德修养，对于作者来说，这才是第一位、根本的东西。

作者的思想与文章的写作，做人与作文，是前者决定后者，指导后者，二者是相互依存、密不可分的。"所以读君诗，亦知君为人（白居易《中说》）。""器大者声必宏，志高者意必远（南宋范开《稼轩词序》）。""人高则诗亦高，人俗则诗亦俗，一字不可掩饰（清徐增《而庵诗注》）。"都是在强调作者的思想、人格对创作的决定作用。刘熙载提出了"人品说"，"诗品本于人品"，"笔性墨情，皆以其人之性情为本（刘熙载《艺概》）。"人品决定文品，人品高，文章亦崇高，人品低下，也肯定写不出格调高昂的文章来。只有像屈原、杜甫这样的以天下为公、忧国忧民的爱国诗人，才能写下如"长太息以掩涕兮，哀民生之多艰"，"安得广厦千万间，大庇天下寒士俱欢颜"这样掷地有声的不朽名句。他们人品高，诗品也高，以诗明志，诗如其人。

二、写作技巧对文章的影响

写文章要讲究技巧。但怎样获取技巧，怎样使用技巧，怎样理解技巧与文章的关系，反映了作者的思想水平。

棋有棋谱，书有书法。写文章自然也离不开写作的技巧。刘勰说："才之能通，必资晓术。"鲁迅说："单是题材好，是没有用的，还是要技术。"如何寻求写作技巧呢？

（一）从生活经验中求写作技巧

写作技巧在很大程度上来自于个人生活经验，因为"生活中充满了智慧"。生活不但能提供写作材料，而且能帮助作者找到写作技巧。写作技巧不是单纯的技巧问题，"重要的艺术技巧问题是要依赖作者人生观的深度，和他包罗生活现象的广度来解决的（法捷耶夫《谈文学》）。”写作的技巧，诸如故事情节的选取，人物形象的塑造，细节的描绘，种种表现手法的运用，都是生活中固有的。经过作者的集中、加工、制作，用文字表现出来，就形成了文章的表现技巧。

技巧来自于现实生活，它来自社会生活，是社会生活所提供的。歌德说：“我有什么真正归功于我自己的呢？我只不过有一种能力和志愿，去看去听，去区分和选择，用自己的心智灌注生命于所见所闻，然后以适当的技巧把它再现出来，如此而已。我不应把我的作品全归功于我自己的智慧，还应归功于我以外，向我提供素材的成千上万的事情和人物……我要做的事，不过是伸手去收割旁人替我播种的庄稼而已（《歌德谈话录》）。”生活是写作技巧的源泉，学习写作技巧，首先要到生活中去寻找。技巧上的平庸、一般，表现了作者对生活认识的肤浅，深入生活、熟悉生活、对生活有独到见解，才有可能从生活中提炼出新鲜的写作技巧。杰出的创作，也正是对生活最真切、最深刻的反映。

（二）从名作欣赏中求写作技巧

从欣赏古今中外的文学名著中学习写作技巧，是提高技巧修养切实有效的方法。古人云：“能读千赋则善赋（桓谭）”“熟读唐诗三百首，不会吟诗也会吟（孙洙）”。叶圣陶说过：“阅读和写作是一贯的，阅读得其法，阅读程度提高了，写作程度没有不提高的。”许多大作家都谈到名作所给予他们的巨大艺术影响。巴金说，鲁迅和屠格涅夫的作品是他文学的启蒙老师。鲁迅的第一篇白话小说《狂人日记》，是在受了果戈理同名小说的影响之后写成的。冰心的成名作《繁星》和《春水》，是在泰戈尔的《飞鸟集》的直接启发下写成的。一边读，一边写，不断从名作中汲取营养，才能扎扎实实地提高自己的写作水平。

从名作中学技巧，要掌握正确的欣赏方法。

1. 要经历“博览——精读”阶段。广泛阅读名家作品，博采众长，读的多了，自然能领会写作之道，掌握写作规律。特别是要在写作上求创见，自成风格，更离不了博览泛采。清代袁枚这段话说得很好；“文学韩，诗学杜，犹之游山者必登岱，观水者必观海也。然使游山观水之人，终身抱一岱一海以自足，而不复知有匡庐武夷之奇，潇湘、镜湖之妙，则亦不过泰山上一樵夫、海船中一舵工而已矣（《与雅存论诗书》）。”为诗为文，以韩杜为师自然不错，但如果只学韩杜，不学其他大家，视野偏狭，目光短浅，只不过如目不识丁的“一樵夫”“一舵工”而已。尤其要学会精读，学会挖掘，将博览和精读结合起来。

2. 要经历“感受——化合”阶段。从名作中学技巧，要用欣赏的眼光去阅读。作者要跳进作品中，敞开胸怀去感受，把自己当作作品中的一个角色，设身处地，同歌同哀。读熟了，潜移默化，自然能得到艺术的熏陶，到写作时，作品中的营养就能化合成自己文章中的血肉。这就是从感受到化合的阅读欣赏过程。

3. 要经历“模仿——扬弃”阶段。“模仿是最深的爱慕”，初学写作的人常常从模仿开始。模仿不是照搬、套用，而是借用、点化。从模仿到创造，是从范文中学习写作技巧的一种手段，吸收别人的养分，化为自己的细胞，构成一个全新的文章肌体，好比蜜蜂采花酿出甜蜜，蚕吃桑叶吐出新丝。这就是模仿，或者叫借鉴。在借鉴的同时，还要扬弃，即识别精华和糟粕，舍弃所短，取其所长。既要看到名作的高明之处，学习并融入自己的写作实践之中，又要看到名作中的不足之处，避免亦步亦趋。

（三）在写作实践中悟技巧

技巧是一种能力，能力是在长期实践活动中逐步培养起来的。写作技巧的学习也是如此。学习写作，可以从读名著、学习写作理论、由别人指点等途径入手，但这些都必须经过自己的反复练习才能悟出写作规律和技巧，使得间接经验化为直接经验，化生为熟，变成真正属于自己的写作技巧。只有自己从写作实践中悟出的写作技巧才是最实用、最宝贵、最有效的写作技巧。

三、语言表达对文章的影响

（一）文章的准确性

写文章要实事求是，不一定要苦心孤诣地去修饰。遵从逻辑和语法的规律去写作，就是最好的写作。如果实事求是地用最恰当的字眼把你所看到的、想到的写出来，就很容易准确了。如果加上不恰当的修饰，反而不准确了。写文章要朴素一点，看到什么，想到什么、就写什么。自己的思想认识明确，然后适当地表达出来就一定会准确。

（二）文章的鲜明性

一般来讲，文章表达准确，也就达到鲜明了。另外，鲜明性还需要在选择词句、字眼上下功夫。不要选用深奥的外语式词句，要合乎中国语言的一般规律。遣词造句的秘诀是，选择现成的概念明确的字，不要找太偏的字，偏僻的字不明确，读者也不容易懂，用明确而不是模棱两可的字词来表达思想，就可以收到鲜明的效果。章法、段落一定要清楚，就会给人留下鲜明的印象。另外，还要注意标点符号的使用，标点错了，意义就会改变。

（三）文章的生动性

文章要生动，句子可短些、章节可短些，容易生动活泼。比如现代诗歌是分行写的，不是一大片写出来。这有它的好处和妙处，就像绘画要适当留些空白。行与行之间留些空白，给人以醒目清楚的感觉。文章的生动性是与其准确性、鲜明性密不可分的。比如遣词造句是要讲究其声调和色彩的，所以在选择词句方面要多下功夫，要反复推敲。

四、创作方法对文风的影响

（一）现实主义创作方法

文学艺术的基本创作方法之一。是指作家、艺术家在一定世界观的指导下，按照生活实际存在的样式塑造典型形象，真实地、具体地反映现实生活的创作方法。在文学史上它与浪漫主义是两大主要思潮。现实主义的基本特征是：以描写现实为主，着重于对现实生活的冷静观察、分析，精确、细腻的描绘，通过对生活现象的集中、概括，塑造出具有典型意义的艺术形象，以揭示生活的本质。就叙事性作品来讲，就是要塑造典型环境中的典型人物，它在文学发展的不同历史时期表现为不同的形态，比如古典现实主义、批判现实主义等。

现实主义文学创作在中国有着悠久的历史和很高的成就，例如《诗经》中的部分作品，杜甫、白居易的诗，关汉卿的戏剧作品，曹雪芹的《红楼梦》等，都是伟大的现实主义代表作品。欧洲 19 世纪 40 年代在文学中占主导地位的现实主义文艺思潮被称为批判现实主义。现代派文学中，魔幻现实主义影响很大。

（二）浪漫主义创作方法

浪漫主义创作方法是文学艺术的基本创作方法之一，是指作家、艺术家在一定世界观的指导下，以现实生活为基础，按照所追求的理想来塑造艺术形象，反映社会生活的创作方法。在文学史上，它与现实主义是两大主要思潮，浪漫主义基本特征是以表现理想为主，注重对理想世界的追求和主观情感的抒发，理想地描写对象或描写理想化的对象常常运用热情奔放的语言、瑰丽的想象、大胆的夸张去描绘奇异的生活图画。中国文学史上有许多优秀的浪漫主义作品，例如屈原的《离骚》、李白的许多诗篇、吴承恩的《西游记》等。

浪漫主义作为一种文学思潮和流派，流行于18世纪末与19世纪初的欧洲，由于作家的理想与现实生活的发展趋势有相符合与相违背的不同，浪漫主义又表现出两种截然相反的倾向，一种是积极浪漫主义，它在政治上反对封建制度，在艺术上否定古典主义的一切清规戒律，具有一定的进步意义，代表作家有德国的歌德、席勒，法国的雨果，英国的雪莱、拜伦，俄国的普希金和莱蒙托夫。消极浪漫主义是封建势力阻挠资产阶级革命的思潮在文学上的反映，力图粉饰社会的弊端，把人们的思想引向倒退或宗教的神秘境界中去，代表作家有英国的“湖畔诗人”，法国的戈迪业，俄国的如可夫斯基等。

【思考练习】

1. 什么是观察力、感受力和思维力？

2. 谈谈影响文风的要素。

3. 结合自己读书和写作经验，谈谈如何借鉴名作，形成自己的写作风格。

文学创作篇

文学体裁的写作，主要包括诗歌、小说、散文、影视和戏剧剧本。可以说，这是写作训练的一个高级阶段，是大学写作教育的重点之一。

作为虚构类的文学创作训练，可以培养丰富的想象能力和联想能力，提高写作的兴趣，发挥出极大的创造性。

要不断写一些诗歌，包括古诗词、叙事诗、打油诗、歌词等；写一些短篇小说、小小说和故事（包括寓言、童话、传说等）；写一些话剧小品，并尝试集体创作（3～4 人）影视剧本。

第七章　诗　歌

【要点提示】

1. 诗歌的概念。所谓诗歌，是指作者运用生动形象的、富有韵律的语言，采用分行排列的形式，将作者对生活、自然的感受和想象表现出来的一种文学样式

2. 诗歌的性质：（1）完美性；（2）抒发真情实感；（3）哲理性；（4）趣味性。

3. 诗歌的意境。所谓意境，是指作者把自己的情感寄寓在所描写的形象中，情和物有机融合形成的境界。

4. 诗歌的意象：所谓意象，是指诗人对所描写的客观事物，进行了主观的改变，使客观事物沿着诗人想象、通感的逻辑，形成一个多重意义复合的“假实体”。

5. 诗词音韵：押韵及平仄交错、粘连和对仗。

6. 诗词的锤炼：炼字、炼句和炼意。

7. 新诗的表现技巧：语言特点；诗句的跳跃；虚实结合；嫁接意象；感官互动；打造诗眼。

第一节　诗歌的概念和性质

诗歌创作源远流长。据说“断竹、续竹、飞土、逐宍（rù，古“肉”字）”就是最早的诗歌。有人说，中国没有真正的宗教。要说有宗教的话，就是唐诗宋词。因为没有一个中国人是不喜欢诗词的。这是事实。可

见用诗歌去反映社会生活、描绘自然、抒发情感已经成为最普遍的一种形式。

一、诗歌的概念

所谓诗歌，是指作者运用生动形象的、富有韵律的语言，采用分行排列的形式，将作者对生活自然的感受和想象表现出来的一种文学样式。

这个定义从内容和形式上对诗歌作了界定。

从形式上说，诗歌的语言与散文的语言不同。它要求语言生动形象，经常采用比喻、拟人、象征等修辞手法。要有一定的旋律节奏，讲究声调押韵。在句式排列上大多一句一行。这种形式，特别便于歌唱和吟诵。

对于一些不讲究这些形式特点的诗，如不押韵、不分行等，称不上什么好诗。

从内容上说，它不是照相似地去描述生活和一些自然存在，而是着重表现诗人的感受、诗人的想象。所以雪莱说：诗是“想象的表现”。又有人概括为，诗着重的是表现，而不是再现。

二、诗歌的性质

（一）完美性

诗歌的完美性，是指从内容到形式的完全的美。因为“诗”概念本身，就具有完美的属性。我们常用诗来形容最美好的事物。如诗一样的生活、诗一样的景色。形容一个人时，说“你像鲜花”就司空见惯。如果说“你是一首诗”，意义就丰富多了。

诗的形式美有几个方面：

1. 音乐美。是指声律、节奏美。

2. 建筑美。是指诗的结构美。

3. 绘画美。是指诗的语言美。

诗的内容美，有以下几点：

1. 人情美。诗表现的仁爱、善良的情感，如亲情、爱情、博爱等，是人间最美的情感。

2. 世态美。诗中反映的世态炎凉、人情冷暖，具有很强的审美意义。

3. 自然美。诗中描绘的自然景物，大多是美丽的。

4. 哲理美。许多诗在借景抒情、托物言志中，常常有哲理的思考。

5. 趣味美。一些趣味浓厚的诗，常给人留下深刻的印象和美的享受。

令人生厌的事物、词语、不健康的情感，都是诗美所拒绝的。

（二）抒发真情实感

诗歌的抒情，不决定于题材的大小。只要能够表现作者的真情实感，一草一木、一山一水，或具有重大意义的事件，都可以成为诗歌的题材。

印度诗人泰戈尔《飞鸟集》中的诗篇，写得十分优美。原因就是写出了诗人在接触事物时具体、真切的感受。读他的诗，能使我们在轻巧中闲步到思想的天地，能在单纯中见丰富、平淡中见华丽，得到思想的陶冶和情感的升华。

离开现实，或无病呻吟、或歇斯底里地吼叫都成不了好诗。

（三）哲理性

诗以抒发真情实感为目的，但并不排除作者的理性之光。一首好诗，应该使人受到感情的点燃，同时又受到理性的照射，两者相辅相成，和谐统一。理智是情感的闸门，情感是打开闸门后奔腾不息的活水。我们读古代王之涣的“欲穷千里目，更上一层楼”、杜甫的“野火烧不尽，春风吹又生”、陆游的“山重水复疑无路，柳暗花明又一村”、苏轼的“不识庐山真面目，只缘身在此山中”等诗作，都会有情理交融的美好享受。

当代新诗如顾城的《一代》：“黑夜给了我黑色的眼睛，我却用它寻找光明。”显示了黑暗与光明的冲突与统一。再如戴望舒的小诗：“我思想，故我是蝴蝶……万年后小花的轻呼，透过无梦无醒的云雾，来震撼我斑斓的彩翼。”不仅形象地揭示了笛卡尔“我思故我在”的哲学命题，而且展示了思想的鲜艳美丽和永恒。

（四）趣味性

趣味，主要是指是人生活的乐趣和意味。也是人生活的基本需求。诗歌中，常常通过描写一些人们不注意的或司空见惯的事物，发现独有的情趣。宋代杨万里的一些诗歌，就写得情趣横生，令人喜爱。如“小荷才露尖尖角，早有蜻蜓立上头”；“童子柳荫眠正着，一牛吃过柳荫西”；“儿童急走追黄蝶，飞入菜花无处寻”等。

情、理、趣，是诗的灵魂再现。可只写一种，也可兼而有之。

第二节　诗的声律和意境、意象

在文学部类中，诗歌属于最高级别的文体。原因可能是其讲究声律、讲究修辞，结构精巧、内容丰富，写作限制多、难度大。另外一点，可能就是大众的最爱。诗是人们心中的歌，每个人心中都有一首歌。这是其他文体难以企及的。

一、诗歌的声律

诗歌创作，需要依照一定的声律。古体诗依据“平水韵”创作，新诗依据普通话“新韵”创作。

（一）古诗的声律

古诗创作依据的“平水韵”，是由其刊行者宋代淳祐年间平水人刘渊而得名。平水韵依据唐人用韵情况，把汉字划分成 107 个韵部（其书今佚）。同时期平水官员王文郁著《平水新刊韵略》为 106 韵。清代康熙年间编的《佩文韵府》并为 106 个韵部。这就是流传至今的“平水韵”。

平水韵分为平声韵和仄声韵。平声韵包括普通话四声中的阴平、阳平；仄声韵包括普通话中的上声、去声和古代的“入声”。

现代汉语普通话中，入声已经不存在了。但在太行山区、西部地区和南方的方言口语中，还保留大量的入声声调。

新中国成立后，专家整理出一部新韵书《中华新韵》。根据普通话的特点，将韵部分为 18 部，每部用两个字代表。

一、麻花韵 a，ia，ua；二、波歌韵 o，e，uo；三、儿韵 er；四、街斜韵 ie，üe；五、衣期韵 i；六、支思韵（-i）；七、姑苏韵 u；八、居趋韵 ü；九、开怀韵 ai，uai；十、飞灰韵 ei，ui，uei；十一、高标韵 ao，iao；十二、谋求韵 ou，iu，iou；十三、寒山韵 an，uan；十四、先天韵 ian，üan；十五、人文韵 en，in，ien，un，uen，ün；十六、江阳韵 ang，iang，uang；十七、庚青韵 eng，ieng，ing，ueng；十八、东钟韵 ong，iong。

18韵部的分法简洁易记，得到了诗词作者的认同。

进入新世纪后，《中华诗词》杂志编辑部为了推广诗词创作，组织力量整理编辑出版了《中华新韵（十四韵）简表》。

一、麻 a，ia，ua；二、波 o，e，uo；三、皆 ie，üe；四、开 ai，uai；五、微 ei，ui；六、豪 ao，iao；七、尤 ou，iu；八、寒 an，ian，uan，üan；九、文 en，in，un，ün；十、唐 ang，iang，uang；十一、庚 eng，ing，ong，iong；十二、齐 i，er，ü；十三、支（-i）（零韵母）；十四、姑 u。

在这些韵书中，每一种韵下面都附有常用的韵脚字，便于查阅。其中韵部可选字多的称为“宽韵”，韵脚字少的称为“窄韵”。另外，在戏剧唱词、歌词写作中，还有开口大的“洪声韵”和开口小的“细声韵”的分别。an、en、ang、ong 等属开口大的，i、u、e 等属开口小的。

古诗的押韵，古风和格律诗有很大区别。古风篇幅较长，中间可以换韵。柏梁体诗要求每句都押平声韵，古绝双句押仄声韵居多。格律诗双句押韵，一韵到底，大多押平声韵。

（二）新诗的声律

中华新韵，也是创作现代新诗的重要参考。

当代新诗，也称自由体，主张不受诗词格律的束缚。但由于诗歌音乐美的属性，新诗注意到声律的作用，要比不讲究声律、随意组合在一起的诗句更加优美动人，更加便于传播。

新诗一句一首、两句一首的诗似乎很难谈到平仄押韵。但四句以上的诗，就要注意节奏和押韵了。在这一方面，徐志摩的诗可为优秀代表。如《再别康桥》《我不知道风是在哪个方向吹》等。

新诗创作，可以押大致相近的韵，中间也可以换韵，句式可长可短，还可采用近似的句式章法，形成一种节奏旋律，使人阅读的同时，也感受到音乐的魅力。

二、诗歌的意境

所谓意境，是指作者把自己的情感寄寓在所描写的形象中，内情和外物有机融合。古代诗歌的意境表现，常用借景抒情和托物言志的方法。例如李白的《将进酒》《送孟浩然之广陵》、王之涣的《登鹳雀楼》、杜牧的《七夕》等。

每首诗的意境，由于作者的经历、所处的环境、写诗的情绪不同，所表现出来的意境大相径庭。如陆游的《卜算子·咏梅》词和毛泽东的《卜算子·咏梅》词，所描写的形象都是梅花，但一个是“断桥孤梅”至死犹香的品质，一个是“悬崖丛梅”欢笑报春的形象。从审美情趣上说，两者的意境都是优美的。

意境是诗歌的整体体现，依靠诗人的联想和想象完成。

三、诗歌的意象

所谓意象，是指诗人对所描写的客观事物，进行了主观的改变，使客观事物沿着诗人想象、通感的逻辑，形成一个多重意义复合的“假实体”。就是说，诗中所表现的河流、月亮、山石、花鸟，已经不是客观世界中的实体了，而是诗人想象世界中的“实体”，其关系也是想象世界中的关系。如顾城的《弧线》：

鸟儿在疾风中
迅速转向

少年去捡拾
一枚分币

葡萄藤因幻想
而延伸的触丝

海浪因退缩
而耸起的背脊

诗人诗中的弧线，已经不是客观的弧线，而是意识中的弧线：自然形成的弧线是美丽的，扭曲的弧线如奴颜婢膝的弯腰就是丑陋不堪了。

意象是具体的。一首诗中可以有几个意象存在，共同构成诗歌的意境。

当代新诗的写作中，一些诗人追求意象的创造。其中顾城、北岛是代表性人物。尤其顾城的诗，重在意象的组合。

意象能够增强诗的内涵，但如果过分追求，也会给读者阅读造成一定程度的障碍。

意象，超过了借景抒情和托物言志的有限范围，极具创造力。但并不排除传统的表现方法。其实，在古代诗歌作品中，也有意象的存在。

第三节　格律诗的写作

格律诗也叫近体诗，针对唐代以前出现的古代诗体而言。分为绝句和律诗两类。

一般情况下，绝句分五绝和七绝两种，也有六言和九言的，比较少见。律诗分为五律和七律两种。还有一种排律，用的也较少。

律绝写作中，需遵循押韵、平仄对仗、词语对仗和字句数量的要求。

一、绝句的写作

绝句中的五绝为五言四句，共20字。七绝为七言四句，共28字。

（一）押韵

绝句和律诗一样，一韵到底，双句押韵，通常都押平声韵。五绝中首句不入韵的情况较多。如王之涣的《登鹳雀楼》。

白日依山尽，黄河入海流。
欲穷千里目，更上一层楼。

首句用了仄声，不是韵脚字，不入韵。二、四句通押“谋求”韵。

七绝中首句入韵的较多。我们熟悉的李白、杜甫、苏轼的许多七绝，都是首句押韵。如李白的《早发白帝城》，押的是“寒山”韵，首句入韵。

（二）平仄格律

绝句的平仄格律分别有四种，首句仄起入韵式和不入韵式，首句平起入韵式和不入韵式。

在平仄格律中，谚语“一三五不论、二四六分明”成为安排平仄的指导原则。即一三五字可以不讲究平仄，二四六字必须讲究平仄。习惯上用

"—"表示平声，用"｜"表示仄声。用"⊖⦶"表示可平可仄的字。

所谓首句平起和仄起，就是指绝句（律诗）的第一句的第二字。如果第二字是平声，则谓平起，是仄声，就是仄起。

首句第二字的平仄十分重要，它是构成整首诗格律的基础。确定第二字的平仄后，就要按照交错、对仗、粘连的规律安排平仄了。

依七绝平起入韵式为例。

1. 单句二、四、六字平仄交错。
2. 双句二、四、六字平仄对仗。
3. 单句与双句进行平仄粘连。
4. 双句与单句再平仄对仗。

字数：① ② ③ ④ ⑤ ⑥ ⑦

平仄：⊖ — ⦶ ｜ ｜ — —

⦶ ｜ ⊖ — ⦶ ｜ —

⦶ ｜ ⊖ — — ｜ ｜

⊖ — ｜ ⦶ ｜ — —

在这种格式中，第一字和第三字是可以不论平仄的。既可以用平声，也可以用仄声。第五字还是要论平仄的。因为最后三字的平仄安排，不能是三个平声"— — —"或三个仄声"｜ ｜ ｜"连排。如果上例中第一句和第四句的第五字安排成平声，最后三个字就成为"— — —"的格式了。

律绝中每句最后三个字平仄的理想格式有四种：— — ｜；｜ ｜ —；— ｜ ｜；｜ — —。也有"｜ — ｜""— ｜ —"的格式。可见，在五绝中，第三个字也是要论平仄的。

绝句中平声韵的第三句最后一个字，必须用仄声。

根据平仄交错、对仗、粘连的平仄规律，可以推导出其他三种平仄格律，也可以推出五言绝句的平仄格律。如：

五绝仄起不入韵式	五绝平起不入韵式
⦶ ｜ ⊖ — ｜	⊖ — — ｜ ｜
⊖ — ⦶ ｜ —	⦶ ｜ ｜ — —
⊖ — — ｜ ｜	⦶ ｜ ⊖ — ｜
⦶ ｜ ｜ — —	⊖ — ⦶ ｜ —

在平仄格律中，常出现的失误有两种：一是失粘，二是失对。即该粘连的没有接上，该对仗的没有对上。

要熟练地掌握律绝的平仄格律，在吟咏写作选择词语时，就事半功倍了。尤其绝句，篇幅短小，轻捷便利，可以随时随地吟诵，是必须掌握的一种文学样式。

二、律诗的写作

律诗常用的有五律和七律。五律五言八句，40 字；七律七言八句，56 字。另外有排律，或五言、或七言，都在八句之上，字数不定。

（一）律诗的押韵

律诗押韵的要求与绝句相同，一韵到底，首句入韵较多。只是律诗韵脚字多，选择韵部时要考虑韵的宽窄。初学写作，最好选择宽韵。

（二）律诗的平仄对仗

律诗平仄对仗，要求与绝句相同。按照首句平起和仄起，也分为四种形式。其实，一首律诗的平仄，就是两种绝句格律的叠加。绝句也是律诗的分化，一首律诗可以包含两首绝句的格律。

如七律首句仄起入韵式，就是由一首仄起入韵式的七绝格律加一首仄起不入韵式的七绝格律构成的。如果是仄起不入韵式的七律，就是由两首仄起不入韵式的七绝格律构成了（见下图）。

仄起入韵式七律格律	仄起不入韵式七律格律
⦶ ｜ ⊖ — ⦶ ｜ —	⦶ ｜ ⊖ — — ｜ ｜
⊖ — ⦶ ｜ ｜ — —	⊖ — ⦶ ｜ ｜ — —
⊖ — ⦶ ｜ ⊖ — ｜	⊖ — ⦶ ｜ — ｜ ｜
⦶ ｜ ⊖ — ｜ — —	⦶ ｜ ⊖ — ｜ — —
⦶ ｜ ⊖ — — ｜ ｜	⦶ ｜ ⊖ — — ｜ ｜
⊖ — ⦶ ｜ ｜ — —	⊖ — ⦶ ｜ ｜ — —
⊖ — ⦶ ｜ ⊖ — ｜	⊖ — ⦶ ｜ — ｜ ｜
⦶ ｜ ⊖ — ⦶ ｜ —	⦶ ｜ — ⊖ ｜ — —

那么，七绝又是如何绝分七律的呢？在上面七律格律图中，前四句是一首七绝格律，后四句是一首格律，中间四句是一首七绝格律，首二句和尾二句是一首七绝格律。一首七律格律，可以分化出四首七绝格律来。五律也是如此。

（三）律诗的词性对仗

律诗每两句称为一联。一二句为“首联”，三四句为“颔联”，五六句为“颈联”，七八句为“尾联”。也可直接称为一联、二联、三联、四联。

首联和尾联，可以词性对仗，也可以不对仗。颔联和颈联两联要求词性对仗。也就是说，律诗中的中间四句，是由两副对联构成的。

所谓词性对仗，就是上句是方位词，下句也必须对方位词；上句是名词，下句也对名词。如王维的《山居秋暝》中的颔联“明月松间照、清泉石上流”，颈联“山光悦鸟性、潭影空人心”；杜甫秋兴八首（其一）的颔联“江间波浪兼天涌、塞上风云接地阴”，颈联“丛菊两开他日泪、孤舟一系故园心”等。

律诗词性的对仗有工对和宽对之别。初步练习时，应尽量使对仗工整。对仗的方法除宽对和工对外，句法上还有流水对、当句对、隔句对、扇面对等技巧。

律诗的语言要求比绝句严格，除要求词性对仗外，还不容许有重复字（当句对例外）。而在绝句中，是可以有重复字的。

三、词的填写

词也叫“长短句”，是在古诗的基础上发展起来的一种诗歌样式。每首词有词牌、词谱，语言上长句和短句交错，有固定的字数和声韵。根据长短分为长调、中调和小令。长调、中调大多分上下两片，也称为上阕和下阕。

长调（91 字以上）有一百多种词牌，常用的有满江红、水调歌头、八声甘州、扬州慢、念奴娇、水龙吟、雨霖铃、永遇乐、沁园春、贺新郎、兰陵王等。

中调（59 字～90 字）常用的词牌有蝶恋花、一剪梅、临江仙、渔家傲、苏幕遮、定风波、青玉案、天仙子、江城子等。

小令（58 字以内）常用词牌有十六字令、乌夜啼、捣练子、忆江南、忆王孙、如梦令、长相思、生查子、浣溪沙、忆秦娥、菩萨蛮、卜算子、采桑子、减字木兰花、清平乐、醉花阴、南歌子、鹊桥仙、虞美人、玉楼春、鹧鸪天、虞美人、踏莎行等。

词的平仄格律是从格律诗中发展而来的，原则上也要符合交错、对仗、粘连等要求。只是在不同位置又加以变化。如词中只有对仗句时才用到对仗。单句中的平仄，二四六字还要交错运用。

词的写作必须按词谱而来。因此，记住几种常用的词谱就十分重要。如“浣溪沙”“忆秦娥”“蝶恋花”“卜算子”“水调歌头”“浪淘沙”“沁园春”“满江红”等。

需要注意的是，多数词押仄声韵，有的词要求押入声韵，如满江红、忆秦娥等，在练习时，转押普通话中的“去声”就行了。

四、诗词的锤炼

一首好的诗词，锤炼词句十分重要。一般有炼字、炼句、炼意等技巧。

（一）炼字

炼字是指通过锤炼一个单词，突出整句的形象、情调和氛围。字炼得好，就像一颗珍珠镶嵌在诗句中，整篇都熠熠生辉。

炼字分为炼实词和炼虚词两种。

1. 炼实词。炼实词多是对动词或形容词的锤炼。如：

气蒸云梦泽，波撼岳阳城。

这是对动词的锤炼。王士祯评论说：“‘蒸’字‘撼’字何等响、何等确、何等警拔也!”因此他主张“字法要炼”。

春风又绿江南岸，明月何时照我还。

这是对形容词的锤炼。洪迈《容斋随笔·续笔》说：“初云‘又到江南岸’，圈去‘到’字，注曰‘不好’，改为‘过’，复圈去而改为‘入’，旋改为‘满’，凡如是十许字，定为‘绿’。”

2. 炼虚词。就是通过对虚词的选择，增强诗句的节奏和情感力量。如杜甫的“古人称逝矣，吾道卜终焉”，黄庭坚的“且然聊尔尔，得也自知之”等。

（二）炼句

1. 换骨：这种方法是黄庭坚提出来的。惠洪《冷斋夜话》记载他的话说：“不易其意而造其语，谓之换骨法。”如：

管城子无食肉相，孔方兄有绝交书。（黄庭坚·戏呈孔毅夫）

引用的典故意义没有改变，大意说“文人是不会富贵的，金钱会割断人的感情”。只是换了种语言形式。

2. 仿句。即仿用前人的句式而青胜于蓝。如王勃《秋日登洪州府滕王阁饯别序》中的名句：“落霞与孤鹜齐飞，秋水共长天一色。”就用了庾信《马射赋》中的“落花与芝盖齐飞，杨柳共青旗一色”的句式。但意境要比庾信的更加壮丽辽阔。

3. 倒装。刘勰《文心雕龙·定势》中说：“效奇之法，必颠倒文句，上字而抑下，中辞而外出，回互不常，则新色耳。”

如杜甫《秋兴》八首之一中的“香稻啄余鹦鹉粒，碧梧栖老凤凰枝”。意思是“鹦鹉啄余香稻粒，凤凰栖老碧梧枝”。

倒装句，大多数是在协调平仄音律和音节关系的情况下才使用的。

（三）炼意

邵雍《论诗吟》中说：“炼词得奇句，炼意得余味。”

1. 创意。是指句式、立意都是自己创造的。如唐诗人刘希夷的“年年岁岁花相似，岁岁年年人不同。”别出心裁，曾传诵一时。

2. 翻用。就是翻案语，反用其他诗的意思，自出心裁。如王安石《钟山绝句》“茅檐相对坐终日，一鸟不鸣山更幽”，就反用了王籍的“鸟鸣山更幽”的句子。

也有人认为翻用诗句是抄袭。席佩兰《论诗绝句》之四则说：“清思自觉出心裁，又被前人道过来。却便借他翻转说，居然生面别能开。”

3. 夺胎。惠洪《冷斋夜话》记载黄庭坚的话说：“窥入其意而形容之，谓之夺胎法。”就是用自己的语言方式，表达他人的意思。

如白居易的“醉貌如霜叶，虽红不是春”，苏轼化用为“儿童误喜朱颜在，一笑哪知是醉红”，就是夺胎之法。

4. 移用。就是将他人的诗句引入自己的诗中，有人称为联句。或者将别人的诗句换用一二字，开拓出新境界。有人称为点铁成金之法。如林逋的名句“疏影横斜水清浅，暗香浮动月黄昏”，就改自江为的诗句“竹影横斜水清浅，桂香浮动月黄昏”。上下各改一字，将焦点全部集中在梅花上，就有了“惊天地、泣鬼神”的效果。顾随先生评论这两句诗“不食人间烟火，不是鬼，就是神。”

第四节　诗的另类训练

诗的另类写作训练除去直接创作诗词外，还有一些有趣的方式。这里就简单介绍几种。

一，对联的写作

对联也叫楹联、对子、联语，在民间有广泛的基础，是我国独有的一种文学样式。格律诗中的五律、七律，其中的颔联和颈联就是两副对联。

对联是在古代“桃符”和“对句”的基础上发展起来的。始于五代，盛于明清，至今有一千多年的历史。

最早有文字记载的对联，是后蜀广正二十七年（964 年）后蜀主刘昶作的联语：“新年纳余庆，佳节号长春。”

对联从用途上可分为春联、寿联、挽联、庆贺联、赠答联、厅堂联、名胜联等，也是今天随处可见的。还有一类叫谐趣联，常常作为文人的一种日常游戏。

对联的内容丰富多彩，包罗万象。有情、有景、有理、有趣。形式上可长可短，简易灵活。如五言联：“高怀同霁月；雅量洽春风。”“水清鱼读月；山静鸟谈天。”七言联：“清风无私雅自爱；修竹有节长呼君。”“好山入座清如洗；嘉树当窗翠欲流。”长联如昆明大观楼长联，可谓名驰天下。

对联的格律如同诗词格律一样。一联分上下两句。上句最后一字必须是“仄声”，下句最后一字必须是“平声”。上句也叫出句，下句也称对句。

对仗上也分宽对和工对。

对联在今天的现代生活中，仍然有重要的地位和作用。在新闻中、报告里，也不乏对联的身影。

因为对联只有两句，具有诗的属性。所以“三余”时间里常常练习，对培养灵感，提高联想、想象能力和语言运用能力，都有积极的意义。

二、打油诗

所谓打油诗，是指不讲格律对仗，用俗语、俚语、口语入诗的十分自由的一种民间诗歌。

打油诗是中唐一位名叫张打油的人创立的。其诗虽不登大雅之堂，但富有情趣意蕴，顺口易记，影响深远，如他的《咏雪》。

天下一笼统，井上一窟窿。
黄狗身上白，白狗身上肿。

全诗不着一“雪”字，就写出了苍茫大雪的景象。大视野与小景物有机融合，令人如临其境，如见其物。显示了诗人观察景物的超强能力。

有人说张打油是位农民。虽然是小人物，但由于独树一帜的创造，使他在文学史上占有一席地位。自他之后，一些文人多有效仿。特别是近代，鲁迅、胡适、袁水拍等都写过打油诗。

诗歌是感应时代的神经。打油诗发展到当代，也有广大的生存空间。由于它具有幽默与讽刺的天性，在针砭时弊、惩恶扬善方面显示出巨大的作用。所以它也是报纸、网络等媒体上的常客。

需要注意的是，打油诗不是一般的“顺口溜”。它比顺口溜更具备诗的元素，讲究韵味情趣，拒绝无理由的直白。

三、变形诗

古体诗、近体诗显然是诗的正统。但在其基础上，人们的创造力使它呈现出不同的形态，如回文诗、山形诗、菱形诗等。这些可看作是诗的分流。

1. 回文诗。回文诗是采用“回文”的修辞方法，顺读为诗，倒读也可为诗，有的还可斜读。

最早的回文诗，朱存孝在《回文类聚·序》认为，“自苏伯玉妻《盘中诗》为肇端，作《璇玑图》而大备”。其中窦滔妻字苏若兰的《璇玑图》，共840字，纵横各29字。据统计可组成4958首诗。武则天曾做《织锦回文记》，清代李汝珍的小说《镜花缘》中曾细加描述。

简单的回文诗，如传说为秦观作的赏花诗：

暮　赏
已　花
时　归
醒　去
微　马
力　如
酒　飞

赏花归去马如飞，
去马如飞酒力微。
酒力微醒时已暮，
醒时已暮赏花归。

回文诗不管怎样读，都保留了诗的声韵美。有时在意义上则比较一般。所以，回文诗的写作，游戏的成分更大些。

2. 山形诗。山形诗也叫宝塔诗、金字塔诗。首行为一言或二言，之后逐行加字，形成山的形状。

开
山　满
桃　山　杏
山　好　景　山
来　山　客　看　山
里　山　僧　山　客　山
山　中　山　路　转　山　崖

此诗阅读从最后一行“山中山路转”开始，盘旋登攀而上。即为：“山中山路转山崖，山客山僧山里来。山客看山山景好，山桃山杏满山开。”由于这种诗形似火焰，所以清代也叫“火焰诗”。

3. 菱形诗。菱形诗就是从一言到多言，再到一言，排成菱形。如下面两首诗《酒》和《山》。

酒
水 华
蕴 五 谷
杜 康 名 留
礼 仪 欢 庆 日
酡 颜 划 令 呼 有
英 雄 好 汉 一 醉 休
好 想 七 贤 风 骨
只 见 夜 光 杯
太 白 独 酌
孟 德 歌
解 忧
酒

山
高 远
土 石 积
林 茂 花 繁
浣 女 照 清 泉
梯 田 犁 牛 响 鞭
打 谷 场 上 车 马 喧
夕 阳 石 街 炊 烟
鸡 羊 归 木 栅
唤 儿 用 餐
全 家 欢
仁 者
山

变形诗虽不是诗歌主流，但由于形状和字数上的限制，写出诗味并不容易。又由于是从“游戏”中来，因而也更有趣味性。

第五节　新诗的创作

一、新诗的声韵

新诗是针对古代诗歌而言的，也称自由体诗。它不受字数、格律、押韵的限制。作者可以根据自己对生活的感受和观察，突破旧体诗格律的限制，自由地表达思想情感。

新诗是否就不讲音韵节奏呢?

新诗也讲音韵，只是这种音韵体现出来的音乐性，没有统一的范式。它是诗人对诗歌音乐美的一种追求或感受。如徐志摩和郭小川的诗，节奏感强，适合吟诵，虽风格迥异，但都有适合表现自己情感的节奏旋律。

每个诗人都有适合自己吟唱的音韵旋律，每首诗都有适合所表现形象和情感的音韵旋律。

所以，有不少诗人和诗评家倡导建立新诗的“格律”。但从写作实践来看，是极为困难的。新诗既然是自由体，只要符合诗的审美规范，似乎就没必要再受任何限制了。

从押韵上来说，新诗可以押韵，也可以不押韵。押韵是一种技巧。同时，不押韵也是一种技巧。因为在一定的韵辙中，突然有一两句诗出韵，有时反觉得情感飞扬，别有天地。但何时出韵，就要看诗人的艺术表现力，看其选择的时机、位置等是否恰当了。

二、新诗的意象

传统新诗具有民歌的风味，大致相同的句式，大致相同的韵脚。与古代的《诗经》《乐府诗》《离骚》等一脉相承。表现上注重赋、比、兴等手法，追求诗的意境。

现代派的新诗受西方现代诗的影响，句式灵活跳动，着重诗人内心的感受和表现，追求诗的意象。

追求诗的意境和意象，都是诗人的创作目的，难分高下。只是在意象表现上，似乎更加复杂一些。

前面说过，意象是诗人想象的一种多元的、流动的“复合体”。不是情和景一一对应的关系。用一个不十分恰当地比喻，条条载物的河流最终归向意象的大海。意象创造的成功与否，与诗人多方面的因素相联系。

这里，我们只从诗人观察生活说起。细致观察、本质观察、全面观察是观察的基本要求。是一种客观的观察。创造意象也离不开这种观察。但更需要在客观观察中注入心灵之光，也就是主观感受。我们把这种观察就叫作“感应观察”。

所谓感应观察，是指诗人在观察物象时加入心灵感应，使客观物象在主观的能动作用下，发生颜色、形态或本质上等种种变化。这种变化后的“物象”，也就形成了“意象”。

意象的创造和诗人的这种“变形能力”有关。变形能力越强，创造力就越强。反之就越弱。

变形能力也是一种联想能力、想象能力，是可以训练培养的。如感官流动体验——通感训练。在声音中去获取高山流水似的视觉形象，在景象、图画中获取莺歌燕语似的听觉形象，等等。

新诗的意象，可以一首诗以一个意象为中轴，前后铺垫映衬。也可以几个意象组合构成一首诗。

意象组合是新诗创作的重要技法。但不可片面追求。否则，就会与读者交流造成困难。也会形成所谓谁也看不懂的“朦胧诗”。因为在诗歌鉴赏中，是不存在“朦胧诗”的。

另外，新诗创作也常用一种方法——细节突出法。在一首诗中，极力描绘一个细节，通过细节描写的过程中，表现人的感受和想象。

三、新诗的表现技巧

（一）把握新诗的语言特点

1. 精炼。用最少的字表现最丰富的思想。当代诗人在精炼上不像古人讲究炼字炼句，而是更具有整体意识，讲究整体提炼。整体提炼的诗虽然有时语言平易，但却使人过目成诵。如徐志摩的《沙扬娜拉》、顾城的《一代人》等。

2. 复合意义。诗的语言不像散文语言单纯。同是一个词，在所处的诗的环境中，可以与抽象概念相联系、和具体事物相联系、和语言制约相联系，这种词义三角，就能够使词语形成包含多种意思的复合概念，或称为模糊语言。

3. 不定性。诗的语言有暗示性、模糊性、不定性。不定性表现为三种方式：第一，比喻多边性。就是说诗中的比喻，不是单指的，而是可以从多种角度去领会的。第二，语法反常。不可用正常的语法标准去衡量诗的语法。偶尔用反常的句式，可能会使情感更加强烈。第三，词语搭配错位。词语意义矛盾、身份不明的一些词语搭配在一起，可以收到“语法反常”类似的效果。

4. 时代感。诗为时代而歌，必须具有时代性。第一，开放性。时代开放，语言也要相应的开放，这样才有新鲜感。另外要有现代的知识结构。第二，思辨性。现代人重视思辨，诗中要有理性的光芒。第三，趣味感。现代人重兴趣，增强诗的趣味是必要的。第四，象征化。运用象征的方法，可以增强诗的含蓄和韵味。

（二）诗句的跳跃

诗在语言上是用跳跃的方式进行的，可以是时间、空间的跳跃转换，也可以是意象间的跳跃衔接。

（三）虚实结合

所谓实，是指客观存在的景物。所谓虚，是指诗人的想象世界。可以先写实景，再写感悟；也可以先写感受和想象，再写实景；还可以交叉进行。

（四）嫁接意象

是指两个以上的意象按照想象的逻辑，组合成一个新的意象。如："鸟儿惊恐的目光凝成了冰，垂向大地"。目光与冰嫁接，形成从空中垂向大地的冰柱，将惊恐这种心理现象形象化，表现出寒澈、异常害怕而无助的感受，想象十分奇特。

（五）感官互动

有人称作"移觉"，其实就是通感。

（六）打造诗眼

就是在诗中锤炼精彩的句子，在思想上和艺术上都达到一定高度，给读者留下深刻的印象。

（七）灵感思维

灵感思维属于形象思维，接近于禅宗中的"顿悟"。是指诗人的思想在客观事物的刺激或触碰下，突然产生的一种奇异的感受和思想。所谓的灵光一闪。灵感具有偶然性、突发性、奇异性和即逝性。所以，一旦产生灵感，就要不失时机地写下来。

诗歌的表现方法很多，可以不断在写作中积累。

【思考练习】

1. 阅读徐志摩、戴望舒、艾青、郭小川、顾城、舒婷、席慕蓉、余光中、惠特曼、泰戈尔等中外诗人的作品，体会新诗创作的特点。

2. 阅读《唐诗三百首》《宋词三百首》和王力的《诗词格律十讲》，熟悉诗词格律，谈谈古风和格律诗写作上的区别。

3. 以"深秋"为题，写一首五律或七绝。

4. 朗诵诗多是新诗，讲究节奏感和音韵，特点不同于一般的新诗。请写一首朗诵诗，在"赛诗会"上朗诵。

第八章　小　说

【要点提示】

1. 理解小说的概念：小说是以塑造人物形象为中心，借用叙述、描写等手段，通过构造完整的故事情节和对环境的描绘，来反映社会生活、表达思想的一种叙事文学样式。

2. 理解并掌握典型人物的概念，并掌握小说人物形象典型化的方法。

3. 理解并掌握小说情节安排和语言运用的要点。

第一节　小说的概念和发展

一、小说的概念

小说是以塑造人物形象为中心，借用叙述、描写等手段，通过构造完整的故事情节和对环境的描绘，来反映社会生活、表达思想的一种叙事文学样式。

需要注意的是，小说虽然能够反映社会生活、表达作者的思想，但大部分情况下，他们并不是小说作者通过在作品中直接表明自己的态度、立场、情感倾向来实现的。一般情况下，小说都是通过作者对人物的塑造、故事情节的发展，间接地体现作者对人生和社会的看法、态度等等。

小说的三要素是人物、情节和环境。其中人物是小说的核心，情节是小说的骨架，环境是小说的依托。

人物是小说的核心。小说以塑造人物形象为主要手段，通过对人物的外貌、动作、语言、心理、神态进行描写，塑造典型的人物形象。然后通过人物形象在所描绘的特定环境中的行为活动以及人物关系的发展变化和相应的心理状态和意识活动来反映社会生活。

小说中的环境包括自然环境和社会环境。自然环境描写是指对人物活动的时间、地点、季节、气候等自然界方面环境的描写。通过自然环境描写，可以渲染故事气氛、烘托人物形象、推动情节发展，进而深化小说主题。社会环境描写是指对人物活动的社会背景、场所、氛围以及人际关系等方面的描写。通过社会环境描写可以交代人物的生存环境、社会关系以及时代背景。

小说的故事情节包括：开端、发展、高潮、结局。有时，高潮和结局可能会重合。

二、小说的形成与发展

中国的小说历经魏晋南北朝的志怪志人小说、唐代的传奇小说、宋元的话本小说、明清的章回小说以及现当代的白话小说几个发展阶段。这些发展阶段又可以划分为两大阶段，其中新文化运动以前，为古典小说阶段；新文化运动以后，为现代小说阶段。

（一）古典小说阶段

古典小说萌芽于先秦，发展于两汉，雏形于魏晋南北朝，形成于唐代，繁荣于宋元，鼎盛于明清。

中国小说萌芽于先秦两汉时期。远古时期的神话传说以及先秦散文中的寓言故事和先秦两汉时期的史传文学都包含小说的萌芽因素。其中神话传说具备了人物和情节两个基本因素，寓言故事和史传文学已经具备了完整的情节、人物形象和语言描写、行动描写等小说的要素和技巧，这些都为小说的形成和发展提供了借鉴因素。

魏晋南北朝时期的志怪、志人小说是中国小说的雏形。这一时期的志怪、志人小说已经有了较为完善的故事情节、人物形象等等因素，具备了小说的雏形。但这些志怪、志人小说并不是严格意义上的小说。因为这些志怪、志人小说作者叙述的故事或者是真实的人物故事或者是把它们作为奇闻逸事来记录，并不具备虚构这一小说的基本要素，所以魏晋南北朝时期的志怪、志人小说并不是严格意义上的小说。

唐代的传奇小说是中国严格意义上小说的开端，是中国小说发展成熟的阶段。唐代传奇小说的作者通过虚构创作了大量优秀的小说作品。

宋元时期话本小说兴起。宋元时期文人在当时话本（说书人说书的底本）基础上创作了大量的话本小说。

明清时期章回小说形成。章回小说作为中国古典长篇小说的主要形式，在形成后出现了四大名著《三国演义》《水浒传》《西游记》《红楼梦》等一大批优秀作品。同时明清时期还出现了被称为三言二拍的《醒世恒言》《警世通言》《喻世明言》《初刻拍案惊奇》《二刻拍案惊奇》和《聊斋志异》等短篇小说的优秀作品。这些长短篇小说共同把中国古典小说推向发展的顶峰。

（二）现代小说阶段

现代小说阶段白话小说取代了古典小说并迅速发展兴盛。新文化运动以后，随着提倡白话文，鲁迅的《狂人日记》作为第一篇白话小说出现。这之后白话小说迅速发展，出现了巴金、茅盾、老舍等一大批优秀作家。新中国成立后，特别是80年代以来，中国小说进一步发展繁荣，出现了路遥、莫言、王蒙、刘震云等一批优秀作家和作品。

第二节　小说的分类及其流派

小说按照不同的分类标准可以划分成不同的类别。

一、按照篇幅长短分

（一）长篇小说

长篇小说篇幅较长，一般在十万字以上，甚至字数可达数百万字。长篇小说一般人物众多、故事情节复杂，能够展示较为丰富的社会生活。例如《三国演义》《水浒传》《西游记》《红楼梦》这些古典小说和《骆驼祥子》《子夜》等现代小说都是优秀的长篇小说。

（二）中篇小说

中篇小说是介于长篇小说和短篇小说之间的一种小说形式，字数一般在三万字至十万字之间。中篇小说的故事情节和人物关系一般比短篇小说复杂而又比长篇小说简单，适合反映某一方面的社会生活。

（三）短篇小说

短篇小说字数一般在几千字至三万字之间。短篇小说篇幅短小，故而人物也较少，情节比较单一，往往通过描写社会生活的几个片段，描绘一两个人物来反映社会现实。

（四）小小说

小小说也叫微型小说，字数一般在两千字以内。小小说形式短小，文笔洗练一般仅仅描写生活中的几个镜头或人物，但却往往蕴涵着较深的哲理意味和较强的戏剧性。

二、从题材上分

当代小说的题材，有的分为历史题材和现实题材；有的分为军事题材、教育题材、工业题材等。从历史发展看，采用以下题材分类较为合理。

（一）神怪小说

又称神魔小说。内容多是描写神仙怪诞之事，有的寄寓着作者对社会现实的态度，具有较强的社会意义。神怪小说产生于魏晋，兴盛于明代中叶嘉靖、万历年间。代表作有《西游记》《封神演义》等。当代的《盗墓者》《鬼吹灯》等灵异小说，也属此类。

（二）公案小说

较早的公案小说当推宋元话本中的《错斩崔宁》反映了下层人民的苦难。明代后期的公案小说，转向对清官的颂扬。如《包孝肃公百家公案演义》《施公案》《三侠五义》等。

（三）武侠小说

主要描写一些除暴安良的英雄豪客，唐传奇中的《虬髯客传》当为前身，宋元话本中出现了公案与武侠合流，代表作有《七侠五义》。近代有还珠楼主、宫白羽的作品。当代则推金庸、梁羽生、古龙、温瑞安等人的作品。

（四）世情小说

内容大都是市民悲欢离合、变态发迹的故事，是现实生活的艺术展示。所以也叫“世情书”“人情小说”。代表作品有《金瓶梅》《玉娇梨》等。当代的许多反映现实生活的小说都可归入此类。

（五）谴责小说

指清末“戊戌变法”后出现的一批揭露社会黑暗和官场腐败的小说。代表作有李伯元的《官场现形记》、曾朴的《孽海花》等。当今揭露批判贪污腐败的作品是这一类小说的延续。

（六）言情小说

产生于清末民初描写才子佳人的幽会之欢和有情人终成眷属的情天恨海的小说。后来发展成了鸳鸯蝴蝶派小说。当代的言情小说，则以琼瑶的作品为代表。

（七）倡优小说

以妓女伶优为题材写的小说，揭露了帝国主义入侵后都市畸形发展的社会现实。其格调较低。

另外还有揭露重大事件隐秘的“黑幕小说”。

三、从流派上分

中国当代的小说流派，最著名的是以孙犁为代表的“荷花淀派”和以赵树理为代表的“山药蛋派”。之后，虽也有些称为某种流派的作品，但影响力都较小。

现代派小说，多是指西欧诸国和拉美国家进入帝国主义时代、在各种现代主义影响下产生的一些小说流派。这些流派近年来或多或少的对我国当代小说有所影响，因此简单做一些资料性的介绍。

（一）表现主义小说

20 世纪初兴起于德国，流行于二三十年代的德国、法国、奥地利、北欧和俄国等地。创作中受神秘主义、存在主义哲学的影响，认为艺术是艺术家先于经验的主观自我表现和潜意识的发现。艺术家要表现事物内在的实质，揭示人物的灵魂，展示永恒的品质和真理。在形式上，任意歪曲客观事物的外部形态，以外化和强化主观的思想情感。或采用象征手法表现某种抽象观念。情节变化突兀离奇，手法上大量采用内心独白、梦境、潜台词，常用不连贯的语言形成“梦呓”的意味。代表作是卡夫卡的《变形记》。

（二）“迷惘的一代”派小说

产生于第一次世界大战后的美国。作者大多是参加过战争的青年。描写战争给他们带来的灾难和残害，表现出迷惘、失望、彷徨和厌恶的情绪。艺术感染力很强，曾影响了后来的许多流派。代表作有海明威的《太阳照常升起》《永别了，武器》和雷马克的《西线无战事》等。

（三）荒诞派小说

荒诞派作家主要以戏剧作品为主，兼写小说。代表作家之一爱尔兰侨居巴黎的作家萨缪尔·贝克特获得1969年诺贝尔文学奖。其小说《马洛依》描写陷入了荒诞生存条件中的个人，内容与形式荒诞不经。评语说“他的具有新奇形式的小说和戏剧使现代人从贫困境地中得到振奋”。

荒诞派小说流派也包括亚非拉的一些当代作家的作品。共同特点是主题的哲理性、手法的荒诞性、语言的反复性。他们认为世界是一团混乱的，时间是循环交叉的，时间和空间是并存的，生活充满着无穷无尽的可能性和偶然性。情节上常是一个次要情节引出一个主要情节，两个情节的关系又颇为荒诞。语言上有意识的运用反复描写和词句重复，凸显时空上的错综与混乱。

（四）魔幻现实主义小说

20世纪40年代产生于拉丁美洲，盛行于60年代以后。受到荒诞派的影响，但具有传统的现实主义精神。内容主要是抨击军事独裁统治、教会、大资本家和大庄园主，暴露黑暗现实，反映民众疾苦。创作上大量运用象征、比喻、借代、暗示等手法，将现在、过去和未来融为一体，将现实和幻境、巫术与科学、神鬼与人等融为一体。其代表作家哥伦比亚的马尔科思影响最大，作品《百年孤独》获得1987年诺贝尔文学奖。

（五）意识流派小说

“意识流”一词来自于美国心理学家詹姆斯《心理学原理》，认为人的意识“并非以一段段的形式出现的，而是流动的”。流动的水就是最好的比喻。因此也称为思想流、意识流、主管生活之流。它认为除理性的意识之外，还存在着非理性、非逻辑的意识之流。

意识流小说的代表作家是法国的马塞尔·普鲁斯特、英国女作家维古尼亚·伍尔夫、爱尔兰作家詹姆斯·乔伊斯和美国作家福克纳。他们作品的主要特征是着重描写人的意识活动，注重表现潜意识。手法上打破传统文学的时间顺序，采取过去、现在、未来时序颠倒或相互交叉的写法，打破传统文学的单线平面结构，形成立体的多线交错结构，以内心独白表现内心世界最隐秘的思想，并把内心独白、旁白、自由联想手法错杂运用，从而形成一个有机整体。

（六）超现实主义小说

这派作家认为只有“下意识领域”才是创作的源泉。包括梦境、幻觉、本能、呓语等超现实的生活。坚持反理智、反知识、反正常意识的立场。认为道德、宗教、社会、日常生活中的经验等理性的东西，都是对精神和才能的压制和枷锁。主张无意识的书写，强调幻觉、梦境的叙述，随意打破语言常规，用独特的语言来暗示要表达的意义，没有连贯的情节，也没有鲜明的人物形象。代表作有布勒东的《可溶解的鱼》《娜嘉》等。

（七）结构现实主义小说

这一小说流派因拉美一些作家采用立体交叉结构手法而得名。形式注重创新，内容坚持写实，立体感的结构是其灵魂，故又叫“立体小说”“完全小说”。作品不仅使读者有视觉感受，还要有听觉感受，以形成立体的形象。艺术表现上借鉴影视的激发，创造了多角度、多镜头对话独白的写法。在章节安排、情节发展、心理描绘，都给人以多角度、多层次的立体感。另外还使用“公文佐证法”，将不同形式的公文、文件罗列，达到叙事客观、情节真实、篇幅简洁和多角度叙述的立体感。代表作有危地马拉作家米盖尔·安赫尔·阿斯图里亚斯的《危地马拉周末》。

（八）存在主义小说

一般认为存在主义始祖是丹麦人恺郭尔。存在主义进入文学，是第二次世界大战后法国作家萨特和加缪的推动。他们把自我意识看作是存在的核心，把自我与世界置于敌对状态。其小说有四个特点。（1）浓厚的哲理性；（2）非理性；（3）自由时空观；（4）三位一体观。即作者、读者、小说人物三位一体。代表作有萨特的《呕吐》《自由之路》，加缪的《鼠疫》《局外人》。

（九）黑色幽默小说

该小说流派兴起和发展于20世纪六七十年代的美国，名称来自1965年费里德曼所编的12人小说合集《黑色幽默》。又被称为“绝望的喜剧”“病态幽默”“荒诞小说”“黑色喜剧”等。

小说的主要特征是“黑色”与“幽默”的结合。黑色是死亡、绝望、痛苦、恐怖意义的象征，幽默是指引人发笑或轻松的语言及小故事，两者结合，就成为幽默中包含着阴沉，在绝望中发出大笑，在无可奈何的悲剧境遇中带着喜剧性，有痛苦郁闷中的玩世不恭，有愤世嫉俗中的冷嘲热讽。艺术上采取反传统小说的形式，不注重人物和情节，时间顺序错乱交叉，强烈的对比中表现人生和世界的荒谬。代表作有海勒的《第二十二条军规》、贝娄的《洪堡的礼物》、韦斯特的《蝗虫之日》等。

（十）新小说

新小说派20世纪50年代产生于法国。他们力图用超越巴尔扎克和雨果的一些小说技巧，来表现不断变化的当今世界。认为巴尔扎克和雨果的作品是写给他们那个年代的人看的，今天的人就要读今天作家创作的小说。创作上倾向于描写性的文学，通过人的心理、感觉、情欲、想象来描写事物。

另外，还有“垮掉的一代”“愤怒的青年派”“新新闻主义小说”等许多流派。

第三节　小说的人物塑造

一、典型人物的概念

典型人物是小说中塑造的具有典型性的人物形象。典型人物一般既具有鲜明的个性特点，同时又具有一定的社会生活的普遍性，能够揭示社会关系发展的规律性和本质，这样的人物形象就是典型人物。

典型人物是个性和共性的统一。典型人物具有个别性，大多是具有鲜明个性的人物形象，具有独特的个性。同时，典型人物又具有共性，往往又具有某一类人物的共性，带有某一时代、民族、地域、阶层的人物所共有的属性。而典型人物的共性往往反映出社会生活中一些本质的方面，而且有时还寄托作者对社会、人生等重大问题的态度和看法。表现为非常复杂的状况，究竟哪种性格成分会成为人物的共性，一方面受人物所处的历史条件所制约，另一方面又受到作家创作意图的影响，只有直接体现着时代的特色和要求，又引起作者特别注意，并被用以寄托作者对社会、人生等重大问题的态度和看法的性格成分，才能成为典型性格中反映某些社会本质的东西。因此，典型人物的共性一般都带有阶级性，而且带有某一时代、民族、地域、阶层的人物所共有的属性。

二、小说人物形象典型化的方法

1. 借用生活中的某个人物原型，对这个原型的特点加以概括、想象、生发和虚构，形成一个新的艺术形象。这种方法大多选取一个作者熟悉、了解的人物原型，概括出这一原型的特点，然后再加上作者的想象、生发，赋予人物形象一定的社会意义，从而使人物形象典型化。

2. 借用生活中的一个人物为原型，再用与之相似的同类人物的某些方面对这一人物形象进行补充。这种方法也有一个生活中的人物作为原型，但在人物身上不仅仅有这一原型人物的特点，而且加上了一些与他同一类型人物的某些特点共同构成人物形象。

3. 采用生活中的多个人物原型共同“拼凑”成一个人物形象。在这种方法中，人物形象没有它特定的生活原型，而是广泛地集中、概括众多人物的基础上塑造出典型人物。鲁迅笔下的人物大多是这样的。他说：“所写的事迹，大抵有一点见过或听到过的缘由，但决不全用这一事实，只是采取一端，加以改造，或生发开去，到足以几乎完全发表我的意思为止。人物的模特儿也一样，没有专用过一个人，往往嘴在浙江，脸在北京，衣服在山西，是一个拼凑起来的角色（鲁迅《我怎么做起小说来》）。”

作家的取人为模特儿，有两法。一是专用一个人，言谈举动，不必说了，连微细的癖性，衣服的式样，也不加改变。这比较易于描写，但若在书中是一个可恶或可笑的角色，在现在的中国恐怕大抵要认为作者在报个人私仇——叫作“个人主义”，有破坏“联合战线”之罪。从此很不容易做人。二是杂取种种人，合成一个，从和作者相关的人们里去找，是不能发现切合的了。但因为“杂取种种人”，一部分想象的人也就更其多数，更能招致广大的惶怒。我是一向取后一法的，当初以为可以不触犯某一个人，后来才知道倒触犯了一个以上，真是“悔之无及”，既然“无及”，也就不悔了。况且这方法也和中国人的习惯相结合，例如画家的画人物。也是静观默察，烂熟于心，然后凝神结想，一挥而就，向来不用一个单独的模特儿的。

——摘自鲁迅《〈出关〉的“关”》

三、塑造人物形象需要注意的问题

1. 小说中的人物和现实生活中的真实人物不同。小说中的人物虽然很多都有其生活原型，但这些人物形象是经过作者虚构、想象加工的，融入了作者的思想、观念等。因此小说中的人物形象不同于生活中的原型人物，不能把二者等同。

2. 塑造小说人物时，既要融入作者的思想、观念等主观因素，又要符合人物形象本身的性格特点。小说中的人物形象，虽然由作者经过虚构和想象加工来塑造，可以融入作者的思想、观念等主观的东西，作者也可以设计人物的情节发展等等。但是，小说中的人物形象又具有自己的性格特点、身份地位、生活环境等因素，作者在塑造人物形象时，必须使人物符合他的性格特点和身份地位，而不能随心所欲地去描写人物的语言和行动等。只有符合人物形象本身性格、身份地位的形象才是成功的形象，反之，人物形象的塑造就会失败。

3. 塑造小说人物需要注重细节描写。小说中人物形象的个性特点往往通过他独特的行动、语言以及心理等等方面体现出来，而这些带有个性化的行动、语言和心理需要通过细节来体现。因此，细节描写对于人物形象塑造至关重要。只有刻画出人物在典型环境下、典型的、带有其独特细节的行动和语言、心理等方面才能成功地塑造出典型人物。

他这话还没说完，猛的一阵香风，送进了一位袒肩露臂的年青女子。她的一身玄色轻纱的一九三〇年式巴黎夏季新装，更显出她皮肤的莹白和嘴唇的鲜红。没有开口说话，就是满脸的笑意；她远远地站着，只把她那柔媚的眼光瞟着这边的人堆。

第一个发见她的是周仲伟。嘴里“啊哟”了一声，这矮胖子就跳起来，举起一双臂膊在空中乱舞，嘻开了大嘴巴，喊道：

“全体起立欢迎交际花徐曼丽女士!”

男人们都愕然转过身去，还没准备好他们欢迎漂亮女子常用的那种笑脸，可是那位徐曼丽女士却已经扭着腰，用小手帕掩着嘴唇，吃吃地笑个不住。

——摘自茅盾《子夜》

在茅盾《子夜》这段描写中就很注重对人物行动、语言等的细节描写。比如描写徐曼丽的行动时，写她在开口说话前“就是满脸的笑意”，而且用“柔媚的眼光瞟着”，以及最后“扭着腰，用小手帕掩着嘴唇，吃吃地笑个不住”，这些细节很传神地刻画了徐曼丽带有个性特点的神态。再比如，作者描写周仲伟行动时的细节，写他“嘴里‘啊哟’了一声”“就跳起来”“举起一双臂膊在空中乱舞，嘻开了大嘴巴，喊道”，这些细节也生动地刻画了周仲伟的行动和个性。

第四节　小说的情节和语言

一、小说的情节

(一) 小说情节的类型

现代小说的情节一般有两种基本类型：故事型和淡化故事型。

1. 故事型。传统小说一般多采用这种情节类型。作者根据人物的性格特点、社会身份等因素，在人物所处的社会环境下，设置相对集中的矛盾冲突，来展开故事情节，并在故事情节发展中塑造人物形象。这种情节类型一般较为曲折、生动，富有悬念和戏剧性。

故事型情节，其特点主要体现在三个方面。

第一，情节的完整性。故事型情节一般比较完整，情节的发展通常采用“开端——发展——高潮——结局”的结构模式。这种完整性的情节模式满足了人们喜欢刨根问底，了解事情来龙去脉的习惯，因而受到大多数读者的欢迎。

第二，情节的曲折性。故事型情节的发展一般跌宕起伏，矛盾冲突比较激烈，人物事件在矛盾冲突中得到展现。

第三，情节的紧凑性。故事型情节的设置不仅要求情节的曲折起伏，而且矛盾冲突要集中，情节要紧凑一环扣一环，环环相扣。

故事型情节由于情节的曲折、紧凑，因而密集的矛盾冲突就需要通过巧合来实现，而过多的巧合在实际生活中是非常少的，缺少逻辑上的必然性，因而过于强调一种巧合性的偶发性情节使情节显得不够真实。同时，故事型情节的曲折和紧凑虽然可以吸引读者，但是，读者的主动参与及创造潜能的开发受到了密不透风的情节的压抑。这也是故事型情节的缺点。

2. 情节淡化型。这种情节类型的小说，不刻意安排集中的矛盾冲突，而是以一种接近生活本来面目的状态安排故事情节。这种类型的情节，一般不够曲折生动，但注重表现社会生活中人们的本来面目和心理，反映生活的原貌。这种情节类型的小说注重作品的意义，而不重视作品的情节。

床似乎太高，于是床下摆了个鞋架。鞋架是用几块木板钉成的，极简陋。

春：鞋架上，摆着一双大号解放鞋，鞋上有破洞，散发着难闻的臭味儿。

夏：鞋架上并排摆着两双鞋，一双是大号解放鞋，一双是红色高跟鞋。解放鞋打了补丁，也不再那么臭；高跟鞋几乎没有什么异味儿。

秋：鞋架上，并排摆着两双鞋，一双是红色高跟鞋，一双是中号黑皮鞋。高跟鞋很整洁，似乎还有股香水味儿；黑皮鞋油光锃亮，属于挺时髦的那种。

冬：鞋架上，摆着一双大号解放鞋，鞋上有破洞，散发着难闻的臭味儿。

——魏金树《鞋架》

魏金树的《鞋架》这篇小说写的是第三者插足，造成家庭悲剧的故事。小说的情节非常简单，并且很多情节都被省略了，但仔细品味每句话后面都含着丰富的潜台词。第一、第二句通过简陋的鞋架和“有破洞而且散发着难闻的臭味”的解放鞋，描绘出了男主人公家境不好和不修边幅的个性，而只有“一双大号解放鞋”也透露出主人公还是单身的情况。第三句“并排摆着两双鞋，一双是大号解放鞋，一双是红色高跟鞋。解放鞋打了补丁，也不再那么臭”，表明男主人公成了家，而且成家让他的生活有了一点起色。第四句“并排摆着两双鞋，一双是红色高跟鞋，一双是中号黑皮鞋。高跟鞋很整洁，似乎还有股香水味儿；黑皮鞋油光锃亮，属于挺时髦的那种。”表明嫌贫爱富、图慕虚荣的妻子勾引上了有钱的第三者。最后，第五句鞋架上又恢复了“摆着一双大号解放鞋，鞋上有破洞，散发着难闻的臭味儿。”表明男主人公又回到了从前单身的日子，生活又恢复了原样。作品用鞋作为透露故事信息的载体，让读者在阅读时调动已有知识经验，去填补情节的空白部分，从而领悟作品的意义。这种情节类型显然更能调动读者的积极性，而且更易于读者把精力从情节本身转向思考作品的意义。

（二）安排小说情节需要注意的问题

1. 小说的情节是对小说中事件的具体安排，为人物形象性格的展开提供相应的舞台，是塑造小说人物形象的依托平台。因而，安排小说情节对于小说的成功与否至关重要。

2. 小说的情节的设置既要真实又要具有典型的意义，既要出乎读者的意料之外，又要合乎生活逻辑。小说的情节既要符合人物关系和社会生活应有的状态，显得真实可信，但同时又要集中矛盾冲突，使情节能够集中反映社会生活的本质和规律，使情节具有典型意义。另外，小说的情节要有戏剧性和悬念，要出乎读者的意料，起到吸引读者的目的，但同时情节的设计又要符合生活应有的逻辑，否则就会显得虚假。

3. 小说的情节应该安排在一定的时间范围内进行，其中的人物和故事都应该符合当时的时代背景。小说中人物的言谈举止都应该符合当时的时代背景，而故事的安排也应该符合当时的背景状况，不能和当时历史事件和背景冲突。

二、小说的语言

语言在小说创作中起着非常重要的作用，小说中人物的刻画，情节的展开，环境的描绘等等都需要语言来进行，因而语言是决定小说创作成功与否的重要因素之一。

小说的语言主要包括两个方面：人物语言和叙述语言。

（一）人物语言

人物语言就是小说中人物所使用的语言，包括人物的对话和内心独白。小说中的人物语言必须符合人物的性格特点和身份地位，带有强烈的个性色彩。因而人物语言是塑造人物形象展现其个性特点的重要方面。另外小说中的人物语言还应该注意口语化，符合特定时期和地域的语言文化背景。

李逵看着宋江问戴宗道："哥哥，这黑汉子是谁？"戴宗对宋江笑道："押司，你看这厮恁么粗鲁，全不识些体面。"李逵道："我问大哥怎地是粗鲁？"戴宗道："兄弟你便请问'这位官人是谁'便好。你倒却说'这黑汉子是谁'这不是粗鲁却是甚么？我且与你说知：这位仁兄便是闲常你要去投奔他的义士哥哥。"李逵道："莫不是山东及时雨黑宋江？"戴宗喝道："咄！你这厮敢如此犯上，直言叫唤，全不识些高低，兀自不快下拜等几时？"李逵道："若真个是宋公明我便下拜；若是闲人我却拜甚鸟！节级哥哥，不要赚我拜了，你却笑我。"宋江便道："我正是山东黑宋江。"李逵拍手叫道："我那爷！你何不早说些个，也教铁牛欢喜。"扑翻身躯便拜。

——《水浒传》第三十七回

《水浒传》这段文字的语言描写就带有人物鲜明的个性色彩。比如李逵一上来就问戴宗"这黑汉子是谁"，可以看出李逵粗鲁的个性。而在戴宗告诉李逵这是宋江时，李逵又说"若真个是宋公明我便下拜；若是闲人我却拜甚鸟！节级哥哥，不要赚我拜了，你却笑我"害怕戴宗骗他，又表现出李逵粗鲁中带有单纯的憨直性格。而像"拜甚鸟"等语言又符合李逵的身份和性格。还有像"这厮"等语言都有明显的口语色彩而且符合当时的时代语言文化背景。

（二）叙述语言

叙述语言是小说除人物语言以外的语言，是作者用来叙述事件的发展过程，交代故事的背景、环境，介绍人物的身份、地位等时使用的语言，在小说中占有较大的比重。在叙述语言中，根据它们的不同作用，又细分为记叙性语言、描写性语言、评述性语言等三类。

1. 记叙性语言。记叙性语言一般用于叙事小说的故事和交代人物，好的记叙性语言应该简洁明了而又朴实准确。

对门住着一对胖子，女主人自称长得像印度人，眉心常点着一个红豆。他们家也有一个孩子，大小与小林家孩子差不多，两家孩子常在一起玩，也常打架；为了孩子，小林老婆与印度女人有些面和心不和。两家主人不和，两家保姆却很要好，虽然不是一个省来的，却常在一起共同商讨对付主人的办法。

——刘震云《一地鸡毛》

刘震云《一地鸡毛》中的这段就属于记叙性语言，用简短的文字交代了小林对门一家的情况。文字不多，却交代出对门一家人员有夫妻二人、一个小孩、一个保姆。以及夫妻的长相特点，与小林一家的关系，以及小孩的情况和保姆的情况。

2. 描绘性语言。描绘性语言一般用来刻画人物的行动、语言状态的细节、描绘环境等等。描绘性语言应该做到描写人物、环境生动形象。

宝玉听了，登时发作起痴狂病来，摘下那玉，就狠命摔去，骂道："什么罕物，连人之高低不择，还说通灵不通灵呢！我也不要这劳什子了！"吓得众人一拥争去抢玉。

——《红楼梦》第三回

红楼梦这段中就用了描绘性语言。如形容贾宝玉的行动状态时用了"登时""摘下""狠命摔去""骂道"。然后，用"吓得众人一拥争去抢玉"来描绘其他人的行动状态。曹雪芹通过这些简短的描绘性语言使当时的场面如同出现在读者面前。

另外，也有的描绘性语言在描写人物或环境的同时，通过语言的选择体现出作者的憎恶喜爱等感情色彩。例如，

高松年听他来了，把表情整理一下，脸上堆的尊严厚得可以用刀刮。

——钱钟书《围城》

在钱钟书《围城》这段对高松年的描写中，作者用了"整理"和

"堆"两个动词，就把高松年的虚伪、装腔作势刻画出来，同时这种描绘就带上了作者的感情色彩。

3. 评述性语言。评述性语言，指的是带有定性意味的夹叙夹议的叙述语言。评述性语言往往是叙述、描写、评议三者的统一，而评议是其中的点睛之笔。不管是叙事状物还是议论抒情，其关键之处在于融合着作者对事物的特别感悟和天才艺术发挥的评议上。

外国科学进步，中国科学家进爵。在外国，研究人情的学问始终跟研究物理的学问分歧；而在中国，只要你知道水电、土木、机械、植物等等，你就可以行政治人——这是"自然齐一律"的最大胜利。

——钱钟书《围城》

钱钟书《围城》中的这段话就属于评述性语言，在叙述中外科学家研究科学与做学问的差别的同时，通过巧妙的语言表达了作者对这种现象的态度和评价。

第五节　小说的写作技巧

前人通过对中国小说的探究，总结出七十多种传统的创作方法。这里由于篇幅所限，我们只是选择几种加以介绍。需要注意的是，这些技法大都以生动的比喻冠名，因此需要细细品味、加以感悟。

一、横云断山法

也叫横桥锁溪法。是指在安排较长的故事情节时，为了避免读者阅读时的负重累赘感，暂时用别的故事割断一下，但又不能绝对隔断，而是像横云断山一样，似断实连。

如《水浒传》两打祝家庄后，忽插入解珍、解宝争虎越狱的故事。

二、草蛇灰线法

"草蛇"比喻情节和人物之间前后连贯，姿态曲折多变。"灰线"比喻叙事线索影影绰绰不明显。

如武松打虎中好几次写到哨棒，似乎轻描淡写。直到最后，读者才明白这条线索的重要，可谓牵一发而动全身。

三、金蝉脱壳法

在叙述某一事件的过程中，由于另一件事的突然插入，暂时中断了某事件。但为了要接上某事件，就必须又插入另一件事。

如《红楼梦》“敏探春兴利除宿弊”一回。探春姐妹姑嫂正在商议家务，宝钗忽然插进说朱夫子有“不自弃”的文章，引出探春、李纨一席话，使原来的商议中断。为摆脱宝钗的话题，用三人取笑了一回后，再接上前面的商议。

四、背面敷粉法

背面敷粉是说古代画家在绢面上作画时，为了使画面色彩亮丽，就在背面涂上一层铅粉。小说家借此比喻从侧面、反面来描写人物，是一种间接描写的方法。

如《红楼梦》中林黛玉好哭，但临死时却不写其哭而写笑。明明是写悲却写笑，极大地拓展了悲的外延，比直接写悲更耐人寻味。

五、曲折翻腾法

也叫避平避直法。反对平直，是文艺创作的基本原则之一。袁枚《随园诗话》说：“凡做人贵直，而作诗文贵曲。”金圣叹评点《西厢记》“赖简”一折说：“文章之妙无过曲折，诚得百曲千曲万曲、百折千折万折之文，我纵心寻其尽，以自容与其间，斯真天下之至乐也。”

小说写作要避直，就得曲折，要避平，就得翻腾。如《西游记》三打白骨精，不是一棍子打死就完了，而是折腾三次，充分显示了孙悟空疾恶如仇的性格。

六、烘云托月法

在直接写某人某事前，先写与其有关的人和事加以衬托。如《老残游记》中写王小玉说书。之前让妹妹黑妞出场，表现其艺术水平似乎达到了高不可攀的程度。然后让王小玉出场，充分展现王小玉“百尺竿头、更进一尺”的艺可通天的水平。

七、善避善犯法

“避”是避免重复，“犯”是敢于重复。是一种同中求异、异中求同的方法。

例如《三国演义》中的杨修、孔融、祢衡三人均属天才，都被曹操网罗。这是“犯”。杨修事操，孔融拒操，祢衡不屑与曹操周旋，这是犯中之“避”。三人都被曹操所杀，又是犯，被杀情况相异，又是避了。可见，“重复”不只是缺点，它犹如歌曲中的反复一样，也会成为一种艺术。

八、特笔

特笔是指对一个重要角色、或重要事件、或重要场景，采用令人瞩目的笔调做特别的介绍或描写。

例如《水浒传》108人中“皆依列传例，于宋江依世家例。”《红楼梦》中独贾宝玉有出场诗词，其他人则无。《说岳全传》四十四回后对梁红玉击鼓战金山大加赞赏，也属于特笔。

九、留一笔、带一笔

在叙述过程中对有些情况不做说明，故意留一笔，让读者通过联想和想象加以补充，明白其中缘由。如王愿坚的《七根火柴》，上交时只有六根。另一根则要读者根据战士烤火的场景，了解已经用过了。

在叙述一件事情时，忽然把别的事带上一笔。但两件事似乎毫无关系。如《阿Q正传》顺便将与事件无关的新青年带出来。

十、不写之写法

这种方法犹如绘画中的“留白”。是指作者一面描写事物的一部分，一面又留出一部分不写，要靠读者的想象力，对未写的部分加以补充完整。国画“青蛙十里响山泉”，只画山间小溪中的蝌蚪，不画青蛙。青蛙是观众想象出来的，有青蛙自然也就有蛙声了。

不写就是一种“写”，写和不写是辩证的统一。只有很好地把握人物的心理活动规律和事物的发展规律，才能妥当地处理这一矛盾。

十一、笙箫夹鼓，琴瑟间钟

这是从小说音乐性的角度考虑的一种技法，要求把优美和壮美融为一体。毛宗岗认为《三国演义》就有这种特点。

【思考练习】

1. 思考小说与传记文学的异同。

2. 找一部小说名著，找出其中的典型人物都有哪些，并分析其性格特色。

3. 自选题目，尝试写一篇短篇小说。

第九章 散 文

【要点提示】

1. 散文的概念：散文是作者运用与韵文不同的语言形式和篇章结构，将对生活和自然物象的具体感受和体验描述出来的一种文学样式。

2. 理解散文的审美特征。

3. 理解并掌握散文写作的要点。

第一节 散文的概念、发展和分类

一、散文的概念

散文是作者运用与韵文不同的语言形式和篇章结构，将对生活和自然物象的具体感受和体验描述出来的一种文学样式。包括杂文、随笔、游记等。

散文是一种比较自由的文体形式，不讲究韵律，也不讲究排比、对仗等修辞，可以自由使用记叙、抒情、议论等多种表达方式写景状物、议论抒情。

在中国古代，散文是与韵文相对而言的。魏晋南北朝以来，为了和韵文、骈文相区别，凡是不押韵、不重排偶的散体文章，都称为散文。包括政论、史论、传记、游记、书信、日记、奏疏、小品、表、序等各种文体。

现代散文是指除小说、诗歌、戏剧等文学体裁之外的其他文学作品，包括杂文、小品文、游记、随笔等。现代散文又有广义、狭义之分。广义的散文，是指与诗歌、小说、戏剧并列的一种文学体裁。既包括以议论抒情为主的散文，还包括通讯、消息、报告文学、随笔、日记、杂文、回忆录、传记等文体。狭义的散文特指文艺性散文，是指一种以记叙或抒情为主，篇幅短小、形式自由、取材广泛、写法灵活、语言优美的文学样式。

二、散文的发展

（一）中国古代散文的发展

中国古代散文早在先秦时期就已经出现，并取得了非常高的成就。先秦散文包括诸子散文和历史散文两大类。先秦诸子散文主要是说理散文，包括《论语》《孟子》《老子》《庄子》《荀子》《墨子》《韩非子》等等；先秦历史散文是以记述历史事件、历史人物为主的散文，包括《春秋》《左传》《国语》《战国策》等等。

两汉时期历史散文进一步发展，出现了《史记》《汉书》等代表性作品。魏晋南北朝开始一直到唐代中期，骈文兴盛，散文出现一段衰落期。

从唐代中期韩愈、柳宗元发起古文运动开始，直到整个宋代散文再一次兴盛起来。这一时期散文的写法日益繁复，产生了不少优秀的山水游记、寓言、传记、杂文等作品，也涌现出包括韩愈、柳宗元、欧阳修、曾巩、王安石、苏洵、苏轼、苏辙“唐宋八大家”在内的一大批散文名家。

明清时期，散文继续发展。明代出现了以归有光为代表的一批优秀散文作家和作品。而清代出现了以姚鼐为代表的桐城派散文。其中姚鼐对中国古代散文文体加以总结，将其分为13类，分别是论辩、序跋、奏议、书说、赠序、诏令、传状、碑志、杂说、箴铭、颂赞、辞赋、哀奠。并且姚鼐还提出了义理、考据、辞章的散文创作理论，把中国古代散文理论和体系发展到顶峰。

（二）中国现代散文的发展

“五四”新文化运动以后，白话散文开始兴起，出现了鲁迅、胡适、梁实秋、周作人等一大批优秀作家和作品，白话散文迅速取代以文言为载体的古代散文成为散文创作的主流。现代散文选材、构思灵活，可以运用叙述、议论、抒情、描写等各种表现手法，着重表现作者对生活的感受，表达作者的观点、感情，深受读者喜爱。现代散文形式多样，包括杂文、短评、小品、随笔、速写、特写、游记、通讯、书信、日记、回忆录等等文学样式。

三、散文的分类

根据散文的内容和性质，散文可以分为记叙性散文、抒情散文、议论散文。

（一）记叙性散文

记叙性散文是以写人、记事、写景为主的散文。主要运用叙述、描写两种表达方式，同时也兼用抒情、议论的表达方式。记叙性散文又可以分为叙事散文、记人散文和写景散文。

1. 叙事散文。叙事散文偏重于对事件的叙述，往往以事件的发展为线索，所叙述的事件可大可小，可以叙述一件事也可叙述多件事，可以叙述一个完整的事件，也可以仅仅叙述几个片断或特定的场景。叙事散文往往在叙事的同时在记事中寄寓自己对事件的情感、感受，带有一定的抒情成分，字里行间流露出感情，既叙述事件又以情动人。例如鲁迅的《从百草园到三味书屋》、许地山的《落花生》等等都是叙事散文的名篇。

2. 记人散文。记人散文是偏重于记人的散文，记叙以人物为中心。记人散文虽然以记人为主，但并不追求对人物的全貌的叙述，也不要求人物性格的完整，而是通过富有特征的细节、片段或性格的某一方面来抒情达意。鲁迅的《藤野先生》、朱德的《母亲的回忆》都是非常好的记人散文作品。

3. 写景散文。写景散文是以描绘景物为主的散文。写景散文多是游记散文，在描绘景物的同时抒发感情，在写景绘物中融入作者的情感，或借景抒情，或寓情于景，抓住景物的特征，实现情景交融。写景散文大多按照空间变化安排顺序，把景物的变化作为文章的线索，通过生动的景物描写，使读者仿佛身临其境。写景散文既能使人欣赏到美景，又能给人心灵的感悟、思想的启迪。优秀的写景散文可以说是融历史、地理、文学价值于一体，代表作品如刘白羽的《长江三峡》。

（二）抒情散文

抒情散文是一种注重表现作者的思想感受，抒发作者思想感情的散文。抒情散文往往以人、事、景、物为依托，抒发作者的思想感受和情感。抒情散文虽然也有对人、事、景的叙述和描写，但一般没有贯穿全篇的情节，而且抒情性较记叙性散文更强烈。抒情散文又可以分为直接抒情散文和间接抒情散文。

1. 直接抒情散文。直接抒情散文也叫直抒胸臆散文，往往以饱含感情的语言直接抒发情感。直接抒情散文，需要注意感情必须真挚，情感必须浓烈，否则，容易流于直白浅露。

2. 间接抒情散文。间接抒情散文分托物言志散文与借景抒情散文。托物言志散文多运用象征和比拟的手法，把思想感情寄寓形象之中，通过对与作者所要表达的情、理相一致的事物描绘来抒发情感，例如茅盾的《白杨礼赞》、冰心的《樱花赞》。借景抒情散文即通过描绘自然风物，赋予景物一定的社会内容和思想感情来抒发情感，如朱自清的《荷塘月色》。

（三）议论散文

议论散文是通过对事例的阐述、分析或形象的描绘展开议论说理、侧重议论的散文。议论散文不同于一般的议论文。议论文需要有完整的论点、论据、论证过程，需要有严密的论述，而议论散文则往往把议论与叙述和描写、抒情结合起来，在叙述、描写或抒情中发表自己的见解和评价，不需要完整而又严密的论述。同时议论散文有时也有主观情感的抒发，但不像抒情散文重在感情，而是重在富有感情的评价。议论散文又包括杂文和哲理散文。

1. 杂文。杂文是指散文中以议论和批评为主而又具有文学意味的一种文体。杂文包括随感、短评、漫谈、讽刺小品、幽默小品、知识小品、文艺政论等文体。杂文把说理和文学性融为一体，自由灵活，大多篇幅不长，以或幽默、或犀利或活泼的文笔，或鞭挞丑恶、针砭时弊，或随兴而生、有感而发，或求索真理、剖析人生。如鲁迅的《论费厄泼赖应该缓行》、钱钟书的《论快乐》等。

2. 哲理散文。哲理散文往往通过种种形象来参与生命的真理或者揭露宇宙万物之间的深刻哲理。哲理散文通过对人生百态的描绘，抓住哲理闪光的瞬间，表现出哲理的深邃性和对人们心灵透辟的启迪。哲理散文中的思想和哲理，不同于一般的议论，而是寄寓在生活情感之中，是富于审美色彩的哲理。从哲理散文中我们感受到的是作者心智的深邃，对宇宙、对生命的理解。

第二节　散文的审美特征

一、形式自由灵活

和诗歌、小说、戏剧这些文学体裁相比，散文无论是结构、语言、还是表达方式都更加自由灵活。从语言和结构来看，散文不必像诗歌那样注重押韵和声律、对仗等形式的限制。从表达方式来看，散文可以灵活运用叙述、抒情、描写、议论任何一种表达方式，而且不必像小说一样需要注重情节叙述的完整和人物塑造是否丰满，也不必像戏剧一样需要注重矛盾冲突的集中。散文还可以像一般议论文一样说理、议论，但又不必像议论文那样需要注意议论的完整、严密。

散文的形式自由灵活还表现在散文可以采用各种各样自由灵活的结构形式。第一，连贯式结构。散文作者可以根据需要，按照事件的发展演变顺序或者按照时空变化的顺序等等为线索来采用连贯式结构。第二，板块式结构。板块式结构就像拼接板块一样，把几组生活片断或场景以某种方式组合起来，构成一个整体。第三，蛛网式结构。蛛网式结构是指围绕中心，向四周伸延扩展，就像蜘蛛结网一样纵横交错的结构形式。第四，意识流式结构。意识流式结构以意识的流动变化为线索，清醒的现实与虚幻的潜意识交错出现，极具跳跃性，生活场景伴随意识流动变化很快。这种结构形式使用不多。

二、形散而神不散

“形散”首先是指散文的取材自由，可以写人记事也可以描写景物，还可以抒情议论，而且可以不受时间和空间的限制。其次，形散还是指散文的表达方式自由多样，可以叙述、也可以描写、还可以抒情和议论，甚至可以把几种表达方式任意组合变化。“神不散”主要是从散文的立意方面说的，即散文所要表达的主题必须明确而集中，无论散文题材和表达方式怎么自由多变，但必须围绕主题来进行，必须为表达主题服务。

散文的取材非常自由，题材几乎不受限制。散文记人时可以写人物群体，也可以写个体；可以写小人物，也可以表现大人物。同样，叙事时也一样。散文既可以对国家大事发表见解，也可以写生活琐事。

散文要做到形散而神不散，在写作时需要注意一些方面。首先，在选材上应注意，材料虽然不受时空限制，自由多样，但必须与主题存在内在联系。其次，在结构必须有一条线索把材料联系成一个有机的整体。散文中常见的线索有以某种具有深刻意义的事物为线索，以作者的所见所闻所思所感为线索。

三、情景交融，开掘意境

散文作者借助想象和联想，可以把情感融入景物或事物之中，或借景抒情，或托物言志，把作者的情感与景物或事物融为一体，实现物我的统一，形成深邃的意境。散文的意境，或情景交融，让人感到优美宁静，或者在宁静中包含深远的思想，使读者领会更深的道理。

散文情和理的互相契合，让人既体味真情、又获得智性的启迪，给人以美的享受。

四、语言优美凝练富于文采

散文的语言优美是指好的散文的语言清新秀丽而又生动活泼，如行云流水，娓娓而谈而又情真意切。散文的语言凝练，是指散文的语言简洁质朴而又自然流畅。散文凝练的语言可以用短短数语描绘出生动的形象、深远的意境。散文的语言清新隽永，富于文采。多读一些好的散文，既可以丰富知识、开阔眼界，又可以净化心灵、陶冶情操，还可以提高自己的语言文字水平。

五、篇幅短小精致

散文的篇幅大多比较短小。散文篇幅虽然短小，但结合其自由的题材、凝练优美的语言能够在很短的篇幅内表达出容量丰富的内容。

第三节　散文的写作要点

一、散文的立意要新颖

立意新颖是写作时确立主题的重要要求之一，同样，对于散文来说，立意新颖也是散文成功与否的关键要素之一。具有别开生面，让人读了耳目一新的立意，对于一篇散文来说是首先要考虑的。那么要做到散文立意新颖，我们在立意时要注意以下两个方面。

所谓小题大做。就是从小处着眼，找一个小的话题，然后顺着这个话题生发开来，使之升华到深远重大的意义。比如，柳宗元的《捕蛇者说》就是如此。

永州之野产异蛇，黑质而白章，触草木，尽死；以啮人，无御之者。然得而腊之以为饵，可以已大风、挛踠、瘘、疠，去死肌，杀三虫。其始，太医以王命聚之，岁赋其二，募有能捕之者，当其租入。永之人争奔走焉。

有蒋氏者，专其利三世矣。问之，则曰："吾祖死于是，吾父死于是。今吾嗣为之十二年，几死者数矣。"言之，貌若甚戚者。

余悲之，且曰："若毒之乎？余将告于莅事者，更若役，复若赋，则何如?"

蒋氏大戚，汪然出涕曰："君将哀而生之乎？则吾斯役之不幸，未若复吾赋不幸之甚也。向吾不为斯役，则久已病矣。自吾氏三世居是乡，积于今六十岁矣，而乡邻之生日蹙。殚其地之出，竭其庐之入，号呼而转徙，饥渴而顿踣，触风雨，犯寒暑，呼嘘毒疠，往往而死者相藉也。曩与吾祖居者，今其室十无一焉，与吾父居者，今其室十无二三焉，与吾居十二年者，今其室十无四五焉，非死则徙尔，而吾以捕蛇独存。悍吏之来吾乡，叫嚣乎东西，隳突乎南北，哗然而骇者，虽鸡狗不得宁焉。吾恂恂而起，视其缶，而吾蛇尚存，则弛然而卧。谨食之，时而献焉。退而甘食其土之有，以尽吾齿。盖一岁之犯死者二焉，其余则熙熙而乐，岂若吾乡邻之旦旦有是哉！今虽死乎此，比吾乡邻之死则已后矣，又安敢毒耶?"

余闻而愈悲。孔子曰："苛政猛于虎也。"吾尝疑乎是，今以蒋氏观之，犹信。呜呼！孰知赋敛之毒有甚是蛇者乎？故为之说，以俟夫观人风者得焉。

——柳宗元《捕蛇者说》

柳宗元在《捕蛇者说》中从捕蛇者宁愿冒着生命危险捕蛇也不愿恢复原来的赋税、劳役这件事入手，从这个较小的话题引出了赋税、劳役的沉重这一大主题，使文章没有就事论事，而是有了深远的意义。

所谓大题小做。就是对于大题目、大题材要找一个小的切入点，从这个小点入手，来深谈其中的意味。

主席也举起手来，举起他那顶深灰色的盔式帽；但是举得很慢很慢，像是在举起一件十分沉重的东西。一点一点的，一点一点的，举起来，举起来；等到举过了头顶，忽然用力一挥，便停止在空中，一动不动了。

主席的这个动作，给全体在场的人，以极其深刻的印象。它像是表达了一种思维的过程，作出了断然的决定；像是集中了所有在场的人，以及不在场的所有革命的干部、战士和群众的心情，而用这个动作表达出来。这是一个特定的、历史性的动作，概括了当那个伟大的历史转折时期到来的时候，领袖，同志，战友，以及广大革命群众之间，无间的亲密，无比的决心，无上的英勇。

请感谢我们的摄影师吧，为人们留下了这刹那间的、永久的形象；这无比鲜明的、历史的纪录！正是在这挥手之间，表明了一种深刻的历史过程，表现了主席的伟大性格。愿所有的人，通过这张照片，能够理解和体会，那当抗日战争胜利，我们的国家处在十字路口，处在两种命运、两个前途决定胜败的斗争的严重时刻，我们的党和毛主席，为国家和人民做出了怎样的贡献！

——方纪《挥手之间》

方纪在《挥手之间》想表达的是毛主席为了国家民族的前途和命运，尽一切可能争取和平，大智大勇，深入虎穴，毅然离开延安到重庆去同蒋介石进行"和平谈判"这一主题，但他却找了毛主题在离开延安时挥手这样一件小事，大题小作，使一件小事蕴含了深刻的意义。

二、散文要构思巧妙，结构灵活

对于散文的写作，在立意之后，紧接着就是进行构思，安排结构。对于散文的结构来说，我们需要重点关注以下几个方面。

（一）散文的开头

散文的开头方式多样，但可以分为开门见山型和曲径通幽型两大类。

1. 开门见山，直切正题。这类开头在一开篇就点明散文的主题，让人一目了然。具体开门见山的方式有：

（1）通过开篇交代写作缘由和目的的方式开门见山。

中国地大物博，风俗与土产随地各有不同，因为一直缺少人纪录，有许多值得也是应该知道的事物，我们至今不能知道清楚，特别是关于衣食住的事项。我这里只就点心这个题目，依据浅陋所知，来说几句话，希望抛砖引玉，有旅行既广，游历又多的同志们，从各方面来报道出来，对于爱乡爱国的教育，或者也不无小补吧。

——周作人《南北的点心》

在周作人这篇散文《南北的点心》中，作者开篇就点明了自己写作的缘由中国地大物博、风俗土产各不相同，但缺少人记录，于是自己写点心这个题目，以抛砖引玉，同时通过让读者了解各地物产加强读者的爱国爱乡教育。这样通过交代自己写作的缘由，开门见山交代了自己写作的主题。

（2）通过开篇点明主题的方式开门见山。

人生下来就是穷的，除了带来一口奶之外，赤条条的，一无所有，谁手里也没有握着两个钱。在稍稍长大一点，阶级渐渐显露，有的是金枝玉叶，有的是“杂和面口袋”。但是，就大体而论，还是泥巴里打滚袖口上抹鼻涕的居多。儿童玩具本是少得可怜，而大概其中总还免不了一具“扑满”，瓦做的，像是陶器时代的出品，大的小的挂绿釉的都有，间或也有形如保险箱，有铁制的，这种玩具的用意就是警告孩子们，有钱要积蓄起来，免得在饥荒的时候受穷，穷的阴影在这时候就已罩住了我们！好容易过年赚来几块压岁钱，都被骗弄在里面了，丢进去就后悔，想从缝里倒出来是万难，用小刀拨也是枉然。积蓄是稍微有一点，穷还是穷。

——梁实秋《穷》

在梁实秋这篇散文《穷》的开头，作者开篇通过第一句“人生下来就是穷的”点出主题“穷”。然后第一段都围绕人们幼时的穷展开，开门见山点明了主题。

2. 曲径通幽的开头方式。在这类散文开头，作者并不直接切入主题，而是在开篇通过描物绘景，或者讲述故事等等引出主题。

（1）开篇描绘景物，渲染气氛来引出主题。

起锚了，对远航者这是一个庄严的时刻。领水员将船引导到港外，他离去时，太阳正在坠落。天色灰暗，微风习习，距船几链远的地方，海浪沉重地拍打着礁石。

——夏多布里昂《别了，法兰西!》

夏多布里昂这篇散文《别了，法兰西!》开篇没有直接点出主题，而是描绘船起锚离港时的景物。而在下文作者通过这个离开时的景物引出了离开法兰西这个主题。

（2）开篇讲述一个与主题相关的故事或事情等等，然后引出与之相关的主题。

几年前读到过一篇外国小说，作家的国别和名字已经忘记，但基本情节还有印象。一对亲亲热热的夫妻，约了一位朋友到山间去野营狩猎。一路上丈夫哼着曲子在开车，妻子和朋友坐在后座。但突然，丈夫嘴上的曲子戛然而止，因为他在反光镜中瞥见妻子的手和朋友的手悄悄地握在一起。丈夫眩晕了，怒火中烧又不便发作，车子开得摇晃不定，恨不得出一次车祸三人同归于尽。好不容易到了野营地，丈夫一声不吭骑上一匹马独个儿去狩猎了，他发疯般地纵马狂奔，满心都是对妻子和朋友的痛恨。他发现了一头鹿，觉得那就是让他排遣痛恨的对象，那就是自己不忠诚的妻子的借体，便握缰狠追，一再举枪瞄准，那头鹿当然拼命奔逃。不知道追了多远，跑了多久，只知道耳边生风、群山急退，直到暮色苍茫。突然那头鹿停步了，站在一处向他回过头来，他非常惊讶，抬头一看，这儿是山地的尽头，前面是深不可测的悬崖。鹿的目光，清澈而美丽，无奈而凄凉。他木然地放下猎枪，颓然回缰，早已认不得归去的路了，只能让马驮着一步步往前走。仍然不知走了多久，忽然隐隐听到远处一个女人呼喊自己名字的声音，走近前去，在朦胧月光下，妻子脸色苍白，她的目光，清澈而美丽，无奈而凄凉。

——余秋雨《天涯故事》

余秋雨这篇散文《天涯故事》就是开篇先讲述了一个原来读到过的外国小说里“鹿回头”的故事，然后在其下文引出了中国民间传说里“鹿回头”的故事，而中国这个“鹿回头”的故事正是发生在海南省的天涯海角，而这正是作者《天涯故事》的主题所要写的地方。

（二）散文的结尾

散文的结尾要做到言有尽而意无穷，让人读完之后回味思索。常见的收尾方式主要有：总结全文，点明主题；描写景物，或通过哲理性的语句结尾，引人回味；在结尾表达希望或鼓励。

1. 在结尾总结全文，进一步强化主题。

呜呼！灭六国者，六国也，非秦也；族秦者，秦也，非天下也。嗟夫！使六国各爱其人，则足以拒秦；使秦复爱六国之人，则递三世可至万世而为君；谁得而族灭也？秦人不暇自哀，而后人哀之；后人哀之而不鉴之，亦使后人而复哀后人也！

——杜牧《阿房宫赋》

杜牧这篇《阿房宫赋》就是在结尾总结全文，进一步点明无论六国还是秦灭亡的原因都在于其自身无度的奢侈而不体恤民众，并且进一步推广到后来的统治者如果不吸取这个教训也必然会重蹈覆辙。

2. 在结尾描写景物，把作者的情感或感触融入景物之中，或者通过一些蕴含哲理的语句来结尾，从而引起读者的思索回味。

到底我不能囫囵囵道出个山来，只觉得它是个谜，几分说得出，几分意会了则不可说，几分压根儿就说不出。天地自然之中，一定是有无穷的神秘，山的存在，就是给人类的一个窥视吗？我趴在窗口，虽然看不出个彻底，但却入味，往往就不知不觉从家里出来，走到山中去了。我走月也走，我停月也停。我坐在一堆乱石之中，聚神凝想，夜露就潮起来了，山风森森，竟几次不知了这山中的石头就是我呢，还是我就是这山中的石头？

——贾平凹《读山》

贾平凹这篇《读山》就是通过蕴含哲理的语句到底是自己变成了山呢，还是山变成了自己来结尾，让人回味。

3. 在结尾表达对未来的希望或对读者的鼓励。

当我们让自由的声音震响的时候，当我们让自由的声音在每一个大大小小的村落、每一个州、每一个城市震响的时候，我们将能加速那个日子的到来，那时上帝的所有的孩子：黑人、白人、犹太人、异邦人、新教徒和天主教徒都会手挽着手歌唱。

——（美国）马丁·路德·金《我有一个梦想》

马丁·路德·金的《我有一个梦想》的结尾就是提出了对未来美好的希望，想象等自由到来的时候会是一个多么美好的样子。以此作为结尾，引起人们对美好未来的憧憬。

三、散文的语言要精巧

语言就相当于散文的皮肤，语言的精巧可以使人读了赏心悦目。因此，写作散文还必须十分注意语言的精巧。

1. 语言要精确凝练，与散文篇幅短小的特点相适应，散文的语言必须十分凝练，无论写景、叙事还是议论、抒情都不能篇幅过长。

山不在高，有仙则名。水不在深，有龙则灵。斯是陋室，惟吾德馨。

苔痕上阶绿，草色入帘青。谈笑有鸿儒，往来无白丁。可以调素琴，阅金经。无丝竹之乱耳，无案牍之劳形。南阳诸葛庐，西蜀子云亭。孔子云："何陋之有？"

——刘禹锡《陋室铭》

刘禹锡这篇《陋室铭》语言就十分凝练，然而篇幅虽然短小，但内蕴却非常深远。

2. 散文的语言风格可以多种多样。散文的语言风格可以是优美的，也可以是质朴的，还可以是清新的，同样也可以是辞彩华丽的。但无论采用哪种语言风格都必须与散文的主题相适应，根据表达主题的需要来选择语言风格。同时在适合主题表现的基础上，作者可以根据自己擅长的语言风格类型来选择适合自己的语言风格。但在写作散文时还要注意语言风格必须前后一致，在一篇散文中语言风格不能变化太多。

3. 语言要生动形象，流畅自然。好的散文语言应该做到流畅自然而又生动形象，既通俗易懂、不晦涩，同时又流畅自然、不做作、不堆砌辞藻。

第四节　散文的写作技法

散文写作技法很多，这里只是介绍几种常用的技法。

一、象征

象征手法，是指用特定的具体物象喻示与之相似或相近的概念、思想和意象。有三个因素：象征体、喻示、象征意。

象征体是客观的、可感的实体，抽象的事物不能充当象征体。如象征四君子的梅兰竹菊，都是可见可感的具体物象。

喻示是从具象引渡到象征意的中间环节，是一个过程。一般来说，不直接说明所描写物象寄寓的意义，而是在某种暗示下，让读者去体会感悟其象征意义。茅盾的《白杨礼赞》，用白杨树象征西北抗日的农民，就是如此。

象征意一般是带有普遍意义的概念和概括性的意象。可以是具象的，也可以是抽象的，如狮子象征刚强、狐狸象征狡猾等。

需要注意的是，象征具有确定性。一件事物象征什么，会和民族文化、风俗习惯等有密切的关系。同时，也有不确定性。如蜜蜂，既可以象征勤劳的农民，也可象征勤奋的作家。

二、跳跃

这里的跳跃，是指散文构思上的一大技巧。散文构思要以小见大、由近至远，中间有很大的跨度。如何跨越，就成为关键问题。有人认为，找好散文的起点后，就要选择终点，中间的几个点可以按照方向跳跃前进，尽量省略一些不必要的过程。

另外，要注意转换跨度。如从实写到虚写的转换，从写人到写物的转换等。

三、点化

这里的点化，是指散文中对问题、事物进行含蓄解释、说明的一种方法。而不是古诗写作“点化”的方法。

散文中运用点化，有时可以起到卒章显志即点明主题的作用，有时可以升华散文的意境。方法很多，如借用人物的语言加以点化，用激情四射的呼喊加以点化，用警句格言加以点化，用哲理性的言论加以点化等。

运用点化的方法时，需要掌握好分寸，避免矫揉造作和画蛇添足。

四、适宜

适宜，是指散文中所写的物和所表达的情，两者是和谐的、适宜的。什么样的物表达什么样的情，虽没有规定。但喜怒哀乐等诸种感情，在不同的环境下都会适合一定的事物。反过来说，一定的事物，也适合表达相应的感情。

适宜与否，往往在细微的差别上见分晓。如同样写蜜蜂，不同时代的不同的人，会表现出不同的情感。

五、化用

散文的意境与诗的意境是一致的。有时可以化用诗的意境，加以升

揭示事物的本质特征和发展规律。对于影视编剧来说，影视艺术类型问题当然不容忽视。

（一）电影的类型

首先需要说明的是，电影的类型与类型电影并非同一概念。前者是指按照一定的标准对电影所做的分类；后者是指根据公式化的情节、定型化的人物和图解化的视觉形象所创作出来的影片，如西部片、歌舞片、喜剧片、恐怖片、犯罪片等，这在20世纪二三十年代的好莱坞电影中表现得特别明显。

电影的类型很多。按照创作手法，可以分为浪漫主义电影、现实主义电影、现代主义电影、后现代主义电影等；按照情节，可以分为推理片、悬念片、惊险片、侦探片、反特片、间谍片等；按照表现手法，可以分为戏曲片、歌舞片、音乐片等；按照风格的激进程度，可以分为常规电影和先锋电影；按照国别，可以分为国产电影和进口电影。若几种标准结合在一起，那就更复杂了。在这几乎难以穷尽的分类标准中，按照题材和属性进行分类是比较常见的。

另外，随着影视合流趋势的不断发展，电视电影这一新生事物开始悄然出现。由于没有相对应的类型，故单独列出。

1. 题材所形成的类型

（1）武侠片。中国人自古有四梦：一曰神仙梦，二曰明君梦，三曰清官梦，四曰武侠梦。神仙梦破灭，代之以明君梦；明君梦破灭，代之以清官梦；清官梦再破灭，最后只剩下武侠梦了。将武侠梦诉诸文字，便形成武侠文学；诉诸影像，便是武侠片。如果说西部片是美国梦的神话，那么，武侠片是中国梦的神话。

武侠片在中国可谓源远流长。中国第一部电影《定军山》即是武戏。1928年，武侠片《火烧红莲寺》空前成功，掀起了中国武侠片第一个浪潮。五六十年代，台湾和香港影坛出现了武侠片热，代表性影片有《黄飞鸿》《江湖奇侠》《琴剑恩仇》《大醉侠》《龙门客栈》等。1982年的《少林寺》又掀起了中国武侠片的另一个高潮。近几年，武侠片热又开始升温，《卧虎藏龙》《英雄》《功夫》等影片颇受关注。

武侠片的主要情节有门派之间的打斗、善恶势力的较量以及纯粹的武艺切磋。现在有新的发展：一是将武侠喜剧化；二是将武侠仪式化；三是将武侠情爱化。

不可否认的是，也有些武侠片表现出无聊化、庸俗化、平庸化倾向。

（2）喜剧片。喜剧片是一种以幽默、夸张荒诞为表现风格，以巧合、误会为表现手法，以引人发笑为表现目的，对丑恶、落后现象进行鞭挞，对美好、进步现象进行歌颂的电影类型。

早在世界电影艺术诞生的初期，喜剧片就开始出现。像鲁米埃尔兄弟的《水浇园丁》《摄影师》《膝行人》《机器肉店》等影片，就充满了大量的噱头。不过，提到喜剧片，人们最容易想到的是查理·卓别林。其代表作《寻子遇险记》《淘金记》《马戏团》《城市之光》《摩登时代》《大独裁者》《凡尔杜先生》等已经成为经典。

中国的喜剧片出现也很早。第一部故事短片《难夫难妻》就是一部讽刺封建买办婚姻习俗的喜剧片。后来50年代的《乌鸦与麻雀》《花好月圆》《五朵金花》《今天我休息》等喜剧片；60年代的《李双双》《哥俩好》《魔术师的奇遇》等轻喜剧片；80年代的《苦恼人的笑》《黑炮事件》《阿Q正传》《愁眉苦脸》《父与子》等和90年代的《临时爸爸》《编外丈夫》《王先生之欲火焚身》《绝境逢生》等喜剧片，都有很好的社会反响。

喜剧片主要有否定型和肯定型两类。否定型喜剧表现为对丑恶、落后、腐朽的事物进行嘲笑、讽刺和否定。肯定型喜剧表现为对善良、进步、新生事物进行肯定和歌颂。另外还有一种喜剧，既非否定型，也非肯定型，而是介于二者之间，通常被称为轻喜剧或生活喜剧。

喜剧一枝花，人人都爱它。有人进行过市场调查，发现喜剧片的上座率比其他影片的上座率通常要高出二至四倍，有时甚至高出十倍。

（3）战争片。战争片顾名思义就是描写战争的故事片。又可以分化出更细的称谓，如一战片、二战片、空战片、海战片、陆战片、越战片、战俘片、战争爱情片、战争喜剧片等等。

战争片可以分为两类：一类是以塑造人物为主。这类影片着重表现英雄人物的人生轨迹、性格特征或精神风貌。另一类是以描写故事为主。这类影片着重表现重大战事的发展过程、政治性质、军事特点和历史意义。

其实，不管哪一类战争片都离不开残酷的枪炮、纷飞的战火、弥漫的硝烟、闪烁的刀光和淋漓的鲜血。这其中包含着一个残酷性的主题：生与死。观众在“柏拉图洞穴”般的影院中默默品位着剧中人物生与死的残酷考验时，积压的心理能量便得到了释放。这就是战争片所带来的观影快感。

（4）科幻片。科幻片即科学幻想片，按照《中国大百科全书·电影卷》的解释，是指“以现实生活和科学现状为基础，对科学的发展进行想象或幻想的一种影片”。

科幻片产生于法国，发展于德国，成熟于美国。1897 年，法国导演乔治梅里埃拍摄了世界上第一部科幻片《月球旅行记》。中国科幻片直到 1980 年的《珊瑚岛上的死光》才登台亮相，之后就几乎不见踪影。

科幻片的常见叙事模式是根据已经发明或可能发明的科学原理展现人们奇思妙想中的超常景致，可叙事动机却是在提醒人们对科学技术的反思。当今的科幻片虽然离不开高科技电影，但利用高科技拍摄的影片并非都是科幻片。

由于科幻片制作需要雄厚的资金和先进的技术，因此，绝大多数科幻片是出自美国。作为大众文化的一个类型，科幻片就自觉或不自觉抹上了美国文化色彩。这是人们所要警惕的。

2. 属性所形成的类型

电影是一种按照“美的规律”创造的现代艺术，所以具有艺术性；电影也是一种工业产品，要有资金投入和利润回报，所以具有商业性；作为一种大众传播媒介，电影同时又传达着一定的思想观念，特别是国家主流意识形态的观念，所以具有思想性。然而，这三大属性由于所占分量不同，就出现了艺术电影、商业电影、意识形态电影等三种类型。

（1）艺术电影。艺术电影注重探讨的是艺术表现手法，而对电影的商业性和思想性并不重视甚至激烈反对。艺术电影并不迎合大众的审美趣味，主要考虑创作者的自我感受，所以，在西方又被称为“以我为主的电影”。

艺术电影首先以实验性和探索性著称。创作者敢于打破传统的清规戒律，大胆张扬自己的艺术个性。兴起于 20 世纪 20 年代的德国表现主义电影既是如此。

艺术电影一般处于和主流意识形态电影相对立的边缘化位置，有时又成为“地下电影”或“独立电影。”

（2）商业电影。商业电影的根本制作目的就是最大限度地获取商业利润，而对艺术性和思想性并不重视；即便重视，也只能把他们当作赚钱的手段。为了赢得票房价值，商业电影非常注重迎合大众的审美趣味。从本质上说，商业电影就是一种纯粹的商业行为。

商业电影向来是电影发展的主流。把商业电影发挥到极致的还是实行制片厂制度的好莱坞。从策划、编剧到拍摄，好莱坞形成了一条严格的生产流水线。西部片、歌舞片、喜剧片、恐怖片、战争片、幻想片等各种类型的电影就像罐头一样从流水线上生产出来。商业电影的概念被好莱坞大片诠释得淋漓尽致。

在中国，刚兴起的电影业主要被买办资产阶级和投机商人所掌握。他们把电影视为牟取暴利的工具，纷纷成立电影公司，拍出来的影片内容大都是宣传因果报应等封建落后的东西。从20世纪20年代后期至30年代初期，大致出现了三种体裁的商业电影：即取材于民间故事和古典小说的古装片，取材于武侠小说的武侠片，武侠和神怪混合的神怪片。这些影片通常粗制滥造，庸俗无聊。20世纪80年代前后，中国再次出现商业电影浪潮，即所谓的娱乐片。像《漂亮妈妈》《三毛从军记》《顽主》等影片都以较强的娱乐性赢得观众的喜爱。

如果说艺术电影是一种“小众”艺术，那么商业电影则是一种地地道道的“大众”电影。

（3）意识形态电影。意识形态电影侧重于表现思想性，主要传达着国家主流意识形态的价值观念。当然，有的主要传达特定阶级或阶层的价值观念，对国家政权提出强烈的批评。所以，意识形态电影具有鲜明的政治倾向性。

意识形态电影在中国有一个特殊的称谓，叫作主旋律电影。所谓主旋律电影就是指以弘扬社会主义时代改革开放和现代化建设精神为宗旨，以反映一切有利于民族团结、社会进步、人民幸福的思想内容为指针，以激发人们的爱国主义、集体主义情感为目的的影片。国家电影局在1987年3月召开的全国故事片创作会议上提出了“弘扬主旋律，提倡多样化”的口号，“主旋律电影”由此诞生。

（4）电视电影。关于电视电影的本体性，目前尚无定论。一种观点认为它只是区别于影院电影的播出方式而已，另一种认为它就是一种电视节目。折中地来讲，它既不是电影更不是电视节目，而是二者的合二为一，在本质上是一种电影，但是是以电视播出为载体而制作的电影。

电视电影作为一种新生事物，最早产生于20世纪60年代的美国。20世纪90年代以后美国商业电视网黄金时段播出的影片绝大多数是电视电影，并且电视电影还进入了收费的门槛，逐渐走向成熟。英国电视电影出现在20世纪80年代，发展迅速并成为英国民族电影发展的主要途径。

电视电影投资小，成本低，制作周期短，能够迅速反映现实。它们带有浓重的时代性、新闻性、热点性。在题材上还有一个明显特点就是“小”，以“小”见“大”，通过小人物的命运去折射时代的变化。

电视电影片长一般在90分钟左右，因此需要特殊的叙事技巧。单线发展，并不追求故事的复杂性。人物设置明确，节奏适度。

（二）电视剧类型

电视剧跟电影一样存在着各种分类方式，其中，按题材和长度分类是比较常见的。另外，有的电视剧是难以分类的。比如情景喜剧，因为没有相应的情景悲剧或非情景喜剧一说，便成为一个独立的类型，故单独列出。

电视剧按照题材分类，角度各异。按照故事发展时间，可以分为历史剧、古装剧、现代剧等；按照故事发展地点，可以分为工业题材剧、农村题材剧、城市题材剧；按照故事人物年龄，可以分为儿童剧、青春偶像剧、市民剧等；按照题材来源，可以分为原创剧和改编剧，此外还有室内剧。按照题材所表现的对象，可以分为爱情剧、言情剧、伦理剧、武侠剧、公安剧等。

1. 言情剧。言情剧是指描写男女之间的情感纠葛的作品。常见的模式有两种：一种是“有情人终成眷属”型，另一种就是“有情人未成眷属”型。

提到言情剧，人们最容易想到的是根据琼瑶小说改编的电视剧。像《船》《浪花》《在水一方》《还珠格格》等作品，都已随着浪漫的爱情故事打动了无数观众。中国内地比较有影响的言情剧有《过把瘾》等。言情剧的核心是“情”，主要是“爱情”。但有的言情剧在表现爱情同时还融入了亲情和友情，例如《渴望》《牵手》等。言情剧容易出现两种不良倾向：最明显的一种倾向是过多地表现婚外恋、婚前同居、一夜情、第三者插足等非正常性情感。另一种倾向是将剧中的人物生活过于理想化。

2. 公安剧。公安剧、外国和港台地区的警匪剧，是老百姓都喜爱的一种电视剧类型。例如《英雄无悔》《永不瞑目》等都赢得较高的收视率。公安剧最大特点是展示“阳光下的罪恶”，表现打黑除恶、反腐倡廉的主题。公安剧一般是几条情节线同时发展，情节一波三折，起伏跌宕，扑朔迷离，讲究故事悬念的设置和逻辑性的推理。有的公安剧为了追求高度的真实感，充分利用电视艺术纪实性强的特点，将近来发生的特大案件原汁原味地搬上银幕。其特点除了纪实性外，还有快捷性，能够及时地反映现实生活。例如《红蜘蛛》等作品。

从近来的公安剧来看，情节模式化现象比较严重。

3. 青春偶像剧。青春偶像剧是通过偶像人物表现青春主题从而吸引年轻观众的一种电视剧。青春偶像剧兴起于日本，后波及韩国和中国港台地区，近几年影响到中国内地。影响比较大的作品是日本的《东京爱情故事》；韩国的《蓝色生死恋》；台湾地区的《流星花园》；内地的《将爱情进行到底》等。

青春偶像剧定位于年轻的观众，因此剧中人物大都美轮美奂，有着常人难以企及的外表和人格魅力。青春偶像剧多表现“美酒加咖啡”般的梦幻生活：时尚的都市、充裕的物质、亮丽的青春、花样年华。这种浪漫诗意的梦幻生活很容易引起年轻观众心驰神往。

4. 室内剧。室内剧是指以室内为主要叙事场景的电视剧。在美国，室内剧早在20世纪50年代就已经出现，如《寻找明天》。中国的室内剧直到1988年的《家教》才开始出现，不过真正有影响的却是1990年的《渴望》。之后《编辑部的故事》等作品掀起了国产室内剧的高潮。

与室内的场景相适应，室内剧多关注家庭伦理道德题材，喜欢从家人、恋人、情人、友人的感情纠葛中吸取创作灵感。这类题材以其强烈的世俗性和亲切性受到观众青睐。室内剧中的人物为普通百姓，但他们身上所发生的事却不“普通”，这些不普通的事件是室内剧情节转折的重要基因，不过也使室内剧中人物出现宿命论色彩。与普通电视剧相比，室内剧对语言的要求特别高。这种人物语言不但要达到刻画人物性格的目的，而且要起到交代和推动情节的作用，使得人们容易进入剧情。由于室内所限，观众的视野被锁定在单调狭小的三堵墙内。后来人们开始克服室内剧可视性差的缺点，在努力将室内布景道具做得考究同时，适当穿插一些美丽的外景。

5. 情景喜剧。情景喜剧是一种在特定情景中发生的、带有喜剧色彩的系列剧。每集的长度包括广告在内大约30分钟，播出时伴有后期配置的笑声。情景喜剧的故乡在美国，其前身是广播电视中盛行的独角喜剧。

第一幕情景喜剧是1947年的《玛丽凯和琼尼》，从此情景喜剧成为美国电视中的霸主。但中国的情景喜剧起步较晚。

情景喜剧的突出特征是有相对稳定的情景，即场景。它是剧中人物表演的舞台，多数是家庭私人场所，也可以是公共场所。从叙事上说，有的场景是封闭的，有的则是开放的，有着很大的包容性。

从本质上说情景喜剧是电视剧与戏剧的结合。中国的情景喜剧存在着一些不足：一是叙事不严密，结构漏洞百出，叙事节奏缓慢。二是以搞笑代替幽默，以调侃代替诙谐，以滑稽代替夸张。表演粗俗、肉麻、虚假，缺乏真正的喜剧内涵，因此只好以外形取胜。三是幕后“观众笑声”很不自然。

三、影视文学的主要审美特征

（一）以演员的表演和实地拍摄景物创造逼真性形象

影视形象的性质和创造影视形象的综合性手段决定了它从诞生的那一天起，就以酷似现实生活的逼真感构成了与其他艺术不同的审美情趣。创造影视形象的材料是实人、实景、实物。创造影视形象的手段是实人、实景、实物在银幕上表现出逼真的形象。戏剧也是依靠人物自身的言行和一些特定的实物道具来创造艺术形象，但戏剧舞台空间的限定，使一些戏剧形象只能通过艺术的假定性来实现，相当多的生活场面通过艺术的描摹来完成。虽然小说在突破时空限制、自由灵活的塑造人物形象上非常接近影视，但小说形象却是在读者脑海里间接生成，而不像影视那样以视觉方式直观生成。影视是所有艺术中最接近生活本身的种类。影视形象的这种逼真性形成了自己独特的审美方式。

（二）以运动的画面来构成影视镜头

影视作品的最小结构单位是影视镜头。影视镜头是指摄影机或摄像机从开拍到停止所拍下的全部影像。一部影视作品一般由几百个到上千个镜头组合、剪辑而成。美国经典电影《魂断蓝桥》有59个镜头。国产电影《天云山传奇》有951个镜头。现代影视艺术的发展趋势是短镜头越来越多。

影视镜头的内容是一个活动的画面。这个"活动"，即是拍摄对象在运动，也是摄影机自身的运动。拍摄对象的运动，使影视表现对象能呈现直观的形象和变化的过程。摄影机的运动，可以使摄影机接近人物，利用小景别镜头例如特写、近景等处理把拍摄内容特征进行放大，演员的细微情绪变化与动作，在镜头中表现得更加生动、直观。戏剧的舞台与观众之间有一定的距离，演员的一些细微动作与神态表情观众有时不容易看清，它只能用对话来弥补。影视镜头中的运动性产生了强大视觉形象感染力。

影视镜头的活动画面要结合声音。这是构成影视镜头艺术表现力和反映生活逼真性的特殊手段。活动画面声音有三种：对话（也包括旁白）、音乐（或者歌曲）、音响效果。这种声音可以与画面内容同步对位，也可以相互分离。同步对位使人物言行更加完整、清晰地展示出来；相互分离可以增强画面的信息量，产生特殊的艺术效果。

（三）组合镜头的蒙太奇方式

一部影视作品在完成前期的影视工作后，后期再用蒙太奇的方式将前期素材拆分和组合起来。蒙太奇来自法语，本意为构成与装配，在影视方面等同于剪辑。一部影视作品的创作是这样一个过程：影视作者先完成完整的影视文学剧本，然后和导演协商划分出导演分镜头剧本，接着将分镜头剧本中的镜头一一完成。最后把这些素材镜头按照原本的创作构思计划有机地组合起来，使他们之间存在连贯、呼应、悬念、暗示、对比等作用，形成有条理的片段与情节构成一部完整的影视作品，这就是影视中的蒙太奇方式。

在使用蒙太奇之前，每个镜头都有独自含义，当镜头重新组合后镜头之间被赋予了第三种含义。比如镜头A：一碗热气腾腾的汤面，B：一个瘦骨嶙峋的流浪汉，C：流浪汉在饭店门口外看着饭店内刚摆上的汤面。这就是爱森斯坦所说的一种镜头间的因果联系，因为流浪汉很饿，看见了汤面，但是因为没有钱只能在饭店门口看着解馋。几个镜头重新组合后所表达的意义超出了他们之和，在于他们重新组合时引起观众的联想。当观众看到第一个镜头时候，不仅留下了印象，而且大脑产生了联想。第二个镜头出现后，观众大脑中将第一个镜头中内容瞬间心理联想作用，产生新的意向。蒙太奇就是依靠这种意向得以生存发展，由衷地说真是一种奇妙的艺术形式。

而蒙太奇组合上有多种方式，比如上文提到东西或者人，下文镜头就会产生的“叫板式蒙太奇”。当上文的对话接到不同时空，下文对话镜头产生的“对话式蒙太奇”。将上下文相似镜头组接一起产生新的含义，并推动剧情发展的“相似性蒙太奇”。将上下文镜头切在一起能够相互依托，互相强调的“对比式蒙太奇”等等。

了解影视艺术的形象特点，最小组成单位的基本性质以及构成方式和特殊的审美效果有利于影视创作者创作出更优秀的剧本。

四、影视文学的写作

（一）按影视艺术的规律设计镜头

1. 影视文学所写下的任何人物的言行、神态都要变成具体、客观的形象。在小说的细节描写中，可以写下：“一种被人愚弄、欺骗的感觉溢满了她的心胸，一股脑的意念涌上她的脑际。”但在影视镜头中只能表现为动作性的描述。在电影剧本《祥林嫂》中，镜头的描述是这样的：“祥林嫂眼睛瞪着一动也不动，站起来想好了拿起一把菜刀发疯往外跑”，影视镜头这样的描述将人物的情感内容直观、动作化了。

2. 影视镜头中人物心理变化应视觉化。小说在传达人物隐秘而微妙的心理时有独特的优势，影视在这一方面确实无法与小说比高低，但在影视镜头却能用它特有的艺术手段表达出小说难以表现的艺术效果。这就是影视镜头中的人物心理视像化。美国电影《公民凯恩》中：镜头（1）凯恩与他的妻子穿着春天的服装在饭厅吃早饭，两人互相注视，传情；（2）凯恩和妻子穿着夏天的衣服在饭厅吃饭，妻子依然注视着凯恩，但是凯恩却看着报纸不理不睬；（3）凯恩和妻子依然在饭厅吃饭，穿着秋天衣服的两人都打算赶紧吃完离开；（4）凯恩和妻子穿着冬天服装在饭厅吃饭，两人都吃不下去，怒目而视。这四个经典型的画面在电影史上令人难以忘却，没有任何台词，完全用人物具体动作画面表现内心世界的变化，在电影中镜头完全将情感视觉化了。

3. 影视镜头中用物品道具连接情节。影视与戏剧的本性在于直观地表现生活，影视镜头的运动性能用特写和近景将生活中的细节放大给观众。影视镜头可以发挥这个优势使表现的生活既直观又细致，因而影视镜头中的人物生活可以考虑精心提炼一些物品细节做连贯整个故事和人物事件的枢纽。《魂断蓝桥》中的“吉祥符”的几次出现，象征着爱情的联结。恰当地把影视内容用物品道具来连接和体现，是影视镜头具体化、直观化的一个重要手段。

（二）采用特定的结构模型来设计故事

影视文学要实现“寓教于乐”的审美功能，达到“既叫好，又叫座”的艺术境界，需要具备一个可读性和可看性都很强的故事。影视人物的性格和命运应依托一个好故事、好情节来表达，影视文学深刻的警示主题和发人深省的生活哲理也应包蕴于一个好故事和好情节的叙述中。影视文学的好故事、好情节因故事、情节的不同，而有不同的审美标准和不同的制作方式。

1. 戏剧冲突型故事。这是影视文学中的“传统式结构”模型。它在选择故事情节、安排叙述内容上吸取了戏剧艺术结构的重要元素——由戏剧冲突来组织故事情节。这种故事模型的第一个特点是集中设置一个影视故事的矛盾冲突，围绕着一个总冲突把故事情节按开始、发展、高潮、结局的完整的线性结构向前推进，情节主干显得集中、凝练。第二个特点是围绕这个集中的冲突，有意设置几重一张一弛、一正一反的冲突过程，使这个故事既有悬念吸引力，又有层次清晰的情节结构。传统的情节片一般是采用这种模型来设置故事情节的。奥斯卡经典片《魂断蓝桥》的59个镜头，除了序幕和尾声外，中间几个段落有五个“发展”，一个“高潮”，一个“结局”。这个故事的矛盾冲突是两人之间的纯洁爱情与传统贵族观念的冲突，冲突的结局是马拉出走、自杀使美好的爱情归于毁灭。在矛盾冲突的过程中，故事情节有着一张一弛、一正一反的“波浪式”运动轨迹。

2. 小说铺垫型故事。这种模型的影视故事从小说里吸取了许多有益的艺术营养。小说在突破时空的限制、自由灵活的叙事上有着戏剧文学很难具备的文体特长。小说从容不迫、趣味横生的叙述使它成为一种“渐变的艺术”。这比起戏剧艺术在有限的舞台时空里，集中矛盾应在短时间叙述爆发剧烈冲突的呈现一种“激变”的艺术形态，是两种截然不同的故事类型。当影视文学从小说里借用“渐变率”来阻止故事情节时便非常讲究一种小说式的“叙述重沓”。在这种模型的影视故事里，不同时空的镜头数量比戏剧故事要多。但那些不同时空的镜头里常常设置有相同的故事意蕴，时空不同而故事意蕴相同的镜头、场面一连接，就给读者、观众一种

"叙述重沓"的感觉，作者想在故事中强调的意蕴被突出、放大了，作者对人物、故事的独特感觉也被渲染和强调。一般来说，"叙述重沓"的故事过程完成后，它的故事往往要意外地变化，故事结尾与开头形成不同反差。电影《不见不散》中的意外设置为男女主人公从分离到见面，最终"意外"消散，实现了美好的爱情结局。这部电影是按照小说故事结构来平铺电影故事的范例。

3. 散文串联型故事。这是影视文学吸收散文文体创作特点来构建的故事模型。这种模型的故事比较讲究从作者有独特体验的真实经历取材。每个材料可以不像小说情节那样有明显的依存和因果的关系，所写的各个事件是不同时空所发生的，但事件的内涵却有相通和相似之处。用这些相似的内涵做结构的线索，把各个不同时空的事件串联起来，整个情节链可以没有高潮结局。例如《城南旧事》中三个故事发生在不同时空中，作者把对美好人性的诗意体验作为串联的红线把它们连接为一个艺术整体，创造了一种海外游子思乡、思国的抒情氛围。散文那种自由、随意和家常化的创作方法在这种模型的故事里得到成功的艺术移植。这种散文式的影视文学故事模型基本上不采用插叙、倒叙等方式打乱时空的情节线，没有戏剧冲突型故事那样的紧张过程和高潮结局。但是散文作品的逼真性、抒情性和感染、打动观众的艺术体验却得到充分的发挥。

4. 时空交错型故事。这种模型的影视文学故事不像戏剧冲突型故事那样基本上按中心时间的生活逻辑来安排时空次序，它从一个特定的主观视角出发对故事情节时空做了改造和重建。这种改造和重建把故事原本的时空打乱了，而依据某个影视人物的心理意识把现实和往事交错叙述。电影《天云山传奇》就采用这种交错模型故事，充分发挥了影视文学突破时空限制的优势，它根据作者的创作意图，增强有历史厚重感的叙述，塑造有思想深度的人物形象，使整个故事时空得到机智有力的扩展。

随着影视艺术的发展，各种类型故事模型都映入人们的眼帘。从大量的影视现象中归纳与总结影视故事模型，在创作中又不断地突破和革新这些故事模型，这是影视文学创作充满生机活力的前提。

第二节　戏剧文学

一、戏剧文学的界说和分类

（一）戏剧文学的界说

戏剧是演员在舞台上扮演给观众看的一个已经做了专门安排的故事。它是一种历史悠久、普及化程度较高的艺术形式。它的创作不像小说、诗歌、散文那样以个人的方式进行，而必须由导演、演员、舞台工作人员共同合作才能完成。它的艺术表现手段也不像其他文学样式仅以语言为媒体，而必须融合文学、音乐、舞蹈、绘画、雕刻等各种艺术手段来共通塑造戏剧形象。这种集体性和综合性使戏剧形成了其他艺术形式不可能具有的特征。在戏剧剧场里，互不相识的观众对戏剧人物和故事能产生大致相同的审美情感，甚至可以在戏剧高潮时出现群情激昂地宣泄特定时代、特定人群的社会情绪、社会意识的情形。演员与观众之间互相激活、互相呼应、共同创作是成功的戏剧演出必不可少的条件。

戏剧文学是供戏剧演出用的剧本。演员、剧场、观众、表演是构成戏剧的四个必备要素。戏剧文学作者用纪录戏剧人物的言行、叙述故事情节的发展以及舞台演出的有关提示，构制了一个具有文学定位的舞台脚本，平时我们说的戏剧文学就是剧本的写作。早期的戏剧文学相当简陋粗糙，常常只是一些提纲式的扼要说明。随着戏剧艺术的发展与成熟，随着戏剧理论的深化与总结，戏剧剧本走上了日益文学化的道路。当戏剧文学使用优美的语言叙述故事，用文学的手段来刻画人物时，戏剧文学的可读性和文学韵味得到了有力的强化。职业化的剧作家开始出现。阅读、欣赏戏剧文学也成了文学欣赏的一种方式。

（二）戏剧文学的分类

戏剧从审美效果来划类有悲剧、喜剧和正剧；从戏剧的形式特点来归纳则有歌剧、舞剧、话剧和戏曲；按戏剧场次容量来区分又有多幕剧、独幕剧和戏剧小品：如果以戏剧题材内容做标准来区分还有情节剧、社会问题剧、心理剧、纪实剧和历史剧。

随着现代生活方式的改变和电视媒体的介入，话剧小品以强大的艺术生命力使古老的戏剧艺术焕发了新的生机。戏剧小品原来是戏剧院校培训和考核表演、导演人员的一种“表演练习”和“教学小品”。从20世纪80年代起，经过戏剧和影视艺术家的精心改造和电视媒介的传播、倡导，它逐渐地从“教学小品”的母体里脱颖而出，又与人们熟悉的独幕剧拉开了距离，形成了一种崭新的独立的戏剧样式——“表演性、比赛性小品”。它不同于独幕剧。它仅仅截取生活的一个片段，只叙述一个单一事件，一两个演员只用很少的修辞性和道具烘托性的表演，突出人物鲜明的个性特征，机智地展示某种生活情趣。

二、戏剧文学的主要审美特征

（一）以人物自身的言行创造逼真的形象

和小说一样，戏剧创造的中心任务是要塑造出个性鲜明并富有典型意义的人物形象；戏剧文学的主题蕴含在人物性格、人物命运的创造和表演中。但是，小说主要是通过描写、叙述和议论来勾画人物，戏剧却是通过人物自身的逼真性表演，来完成一种直观性的人物形象创造。

这种来自于人物自身的艺术材料，一是指人物的神态、动作。演员根据剧本和导演的意图，突出展示某种神态和某种特定的动作，观众从人物的神态和动作中可以揣摩、领悟人物的性格特征、心理特征以及人物与人物之间的特定关系。二是指人物的语言。这种语言经过了艺术提炼，显露出鲜明的个性化色彩。观众从人物的这种语言里把握戏剧人物的内心和动机。演员自身的描摹性表演，使戏剧人物活灵活现地展示着他们的性格和命运。

（二）以组织戏剧冲突为中心

戏剧在特有时间和特点的舞台空间里吸引和调动观众的欣赏兴趣，让剧中的人物性格和人物命运，感染、激活观众的情绪。戏剧和戏剧文学必须具备较强的可看性、可读性。这种可看性和可读性是戏剧实现“寓教于乐”的审美功能的艺术基础。这种可看性、可读性在相当大的程度上是通过组织强烈、真实的戏剧冲突来构制。戏剧冲突是戏剧艺术最基本的审美特征。

戏剧冲突是戏剧人物之间的抵触、矛盾和斗争。这种抵触、矛盾和斗争有三种表现形态：可以像繁漪和周朴园、鲁侍萍和周朴园那样，是人物与人物之间的直接冲突（《雷雨》）；也可以像契诃夫的《三姐妹》那样，是三姐妹与庸俗的小市民社会生活环境的冲突；还可以像《哈姆雷特》那样，既有哈姆雷特与他叔父之间的外部冲突，也有哈姆雷特自身犹豫、焦灼的内心冲突。

社会生活中到处都充满了人与人、人与自然、人与自身的矛盾冲突，但是戏剧文学作者经过提炼、加工把这种生活中的矛盾冲突集中、概括，在短暂的时空里突出组织人物的矛盾冲突。这种集中概括性和时空限定性，使得戏剧冲突像《雷雨》那样，让两代人几十年的矛盾在周家客厅里总爆发，由此构成推动剧情发展、直观地表现人物心灵、含蓄地传达戏剧主题的基础，生发出扣人心弦、促人深思的戏剧审美效果。

（三）高度浓缩的戏剧场面和串珠式的场面组合

戏剧冲突的具体化和直观性，是在一个一个的戏剧场面里实现的。戏剧场面是戏剧文学的最小的结构单位。由于戏剧表演的限制，一个戏剧小品很可能就是一个戏剧场面；一出大型的多幕剧，也就是由十几个戏剧场面连接而成。在一个戏剧场面里面，首先由具体的时间和地点构置了人物活动的环境，有两个以上的戏剧人物围绕着某一件事表现性格和言行的差异与矛盾。这些差异与矛盾，具体展开便形成了戏剧场面里的戏剧冲突。有了戏剧冲突，戏剧场面才真正开始，人物的活动和事件的衍化，都是集中围绕着戏剧冲突展开的。

在一场多幕剧中，戏剧场面可能多达几十个。他们以戏剧冲突的起因、发展、变化、高潮、结局为线索，像串珠式地连接起来，场面与场面之间的空白蕴含众多场面上无法表现的内容。场面组合的这种功能，可以调动观众的艺术想象，来补充戏剧场面因高度集中、浓缩而安排在幕后的戏剧内容。

三、戏剧文学的写作

（一）创造特定的戏剧场面与戏剧冲突

戏剧场面既是戏剧情节最小的艺术单位，也是作者涌现创作灵感时的最初形式。一个非常有“戏”的场面，常常是戏剧文学作者萌发创作动机、展开剧本构思的最初契机。作者掌握了某个人物在某个特定的场合做了某些事，了解了某种意外的或正常的后果，这个场面给作者留下了深刻的印象。这个最初的印象促使他展开联想。他联想了此人此事此境之前的情形，也联想了此人此事此境之后的情形，于是连成了一个较为完整的故事。一部戏剧文学的创作，常常是以最初的那个场面印象为核心衍生裂变而成。戏剧文学作者可以从锻炼感受有“戏”的场面入手，来培养、提高戏剧文学的构思能力和写作能力。

所谓有“戏”的场面，就是有戏剧冲突的场面。真正有“戏”的戏剧冲突不是人物之间的表面化的大吵大闹，而是由人物性格引发的性格冲突和心理冲突。真正进入戏剧文学的写作状态，应该是戏剧场面、戏剧冲突、戏剧人物三者互相融合、互相促进，共同进入作者设置的戏剧情境。

在戏剧文学的写作实践中，有的先发现特定的戏剧场面，再来梳理戏剧冲突，最后才把握、完善戏剧人物性格，然后把这个有鲜明性格的戏剧人物放置进作者有意创造的特定的戏剧情境和戏剧场面中。在这种戏剧情境和场面里，戏剧人物必定要与其他人物产生矛盾纠葛，必定要表现出某种可以预见的言行，必定要出现特定的紧张激烈的矛盾冲突，从而实现作者构思中的戏剧效果。许多像易卜生、契诃夫这样世界级的戏剧大师们常常在剧本创作之前，先写出详细的戏剧人物小传，待他们对未来的剧中人物熟悉、了解透彻了才开始剧本写作。易卜生甚至说为了很好地了解、把握一个戏剧人物，他竟然花了一二十年的时间来酝酿。这个事实给我们出示了一个重要的写戏的经验：把握了戏剧人物的性格后，为他设置特定的戏剧情境和戏剧场面，让他在这个特定的戏剧情境和场面中表现出有戏剧性的性格冲突和心理冲突。

（二）设置扣人心弦的戏剧情节

戏剧情节是指在特定的场面中，戏剧人物展开矛盾冲突的事件过程。在戏剧文学的审美特征制约下，戏剧文学的情节比小说情节更加讲究扣人心弦的冲突内容，更加讲究情节冲突的激烈、曲折的形式。戏剧文学作者在设置情节时，应注意下列几个问题。

1. 情节的精练与突转。精练的戏剧情节是指戏剧场面、戏剧人物和戏剧事件并不多，但它却高度浓缩和概括了戏剧的故事内容和戏剧人物的特征。易卜生的《玩偶之家》的情节如果改用小说来表现至少要安排一个中篇的形式，娜拉与海尔茂长达八年的生活变化与性格变化才能完成一个完整的叙述。但易卜生只用了三幕戏的时、空间来表现这个故事，而且这三幕戏的场面都集中安排在海尔茂的客厅里。在故事情节的时间长度上易卜生只写了八年来最后三天的情境，八年中的许多故事情节事件——娜拉借钱的真相，柯洛克斯泰与林奈太太的旧情，柯洛克斯泰过去和海尔茂的矛盾……这些本来是小说中很好的情节，易卜生都通过人物语言的交代做了暗场处理。八年的故事只用了三天的时间来表现，各个复杂的事件只集中在海尔茂的家里去展示。《玩偶之家》的总体戏剧情节显得非常精练、集中。三天的时间集中了八年的矛盾，海尔茂的客厅又是各种矛盾总爆发的地点。观众在面对如此浓缩、精炼的情节时，他们观赏戏剧的情绪被迅速有力地调动和激活了。

精练集中的戏剧情节还应该有“突变”的显现形式。戏剧中的突变，实际上就是戏剧矛盾冲突的激化或急剧转化。戏剧矛盾冲突激化后使事件朝着相反的方向发展，当矛盾爆发、事件突变时，戏剧人物性格的一些深层因素和潜在的因素会得到暴露，戏剧人物的立体的性格系统，也会得到充分的显现。突变的戏剧情节往往出乎观众的意料，迫使观众产生紧张的“期待”心理。曹禺在《日出》第四幕中写潘月亭和李石清交锋，李石清的败局已定，但此刻传来公债行市大跌、金八又要挤兑银行的消息，这对李石清和陈白露来说是一个突变。这个突变使两人的内心受到强烈冲击、震撼，两人都出现了一系列的失态动作，人物的命运和人物之间关系发生了相反的逆转。没有突转的戏剧情节，戏剧的高潮和戏剧震撼人心的力量将难以产生。

2. 情节的设悬和释悬。在提炼情节和设置突转的戏剧情节时，为了充分加强戏剧情节激动人心的审美效果，还要注意在戏剧情节发展中设置悬念和释消悬念。悬念是观众对戏剧人物命运、戏剧情节变化的一种期待心理。巧妙地制造悬念，让观众自始至终满怀兴趣地期待情节的发展，这是设计戏剧情节的一种基本技巧。许多有经验的戏剧作者会机智地采用“误会”“巧合”“偶然”等方法来设置悬念，然后又用“重复”“对比”“夸张”等方法重复悬念、强化悬念，让戏剧悬念最大限度地激活观众的兴趣。最后在戏剧情节突变前后迅速释消悬念，让谜底大大出乎观众的意料，使戏剧情节产生震撼观众心灵的审美效果。

在《玩偶之家》里柯洛克斯泰揭发娜拉的那封信投入了信箱，这个时候的戏剧悬念开始紧紧抓住了观众——海尔茂能否看到信？海尔茂看到了信以后如何对待娜拉？易卜生迟迟不设悬，他运用情节来不断地强化悬念——娜拉想尽办法不让丈夫打开信箱，林奈太太去向柯洛克斯泰求情，让他把信收回；娜拉疯狂地跳舞，拖住海尔茂不让他开信箱。这些情节实际上进一步强化了戏剧悬念。直到戏剧高潮出现——海尔茂终于看到了信，他没有保护娜拉，他的自私和虚伪的丑恶本质至此暴露无遗。易卜生的悬念处理技巧使整出戏情节起伏多变，高潮迭起，有力地冲击着观众的心灵。

（三）精心提炼动作化、个性化的人物语言

在戏剧文学里，人物形象的塑造、戏剧情节的发展，都是通过剧中人物的语言和动作来完成的。戏剧文学的语言分为人物语言和提示语两种。提示语即是舞台说明，它包括剧本人物表、舞台说明和演出说明。除人物表外，其他说明性语言，一般都使用括号圈定。这些说明性语言，是为了给导演、演员以必要的提示和启发，是塑造戏剧人物的一种辅助性手段。但它不同观众见面，对观众不起直接作用。

戏剧人物语言包括台词（对话、旁白、独白）和唱词。

对话是舞台上两个以上的人物互相之间说的话。它构成台词的主要部分，也是刻画人物性格的主要手段。

旁白是指两个以上的戏剧人物同时出现在舞台上，一个人物背着其他人物向观众表白自己或评价他人言行的话，它能起到揭示人物心理活动的作用。

独白即戏剧人物的自言自语，一般用于表达人物内心的愿望、抒发感情和显露行为的动机。

唱词则是戏曲或歌剧中具有诗意和音乐性的语言，主要用于抒发戏剧人物内心的激情，有时也兼有叙事和交代身份的作用。戏剧文学依靠戏剧人物自身的语言和动作来塑造戏剧人物形象，这一审美特征对戏剧文学的人物语言提出了较高的审美要求。这主要表现在：

1. 充分的个性化。从戏剧人物口中说出的语言，要符合人物的身份、性格、年龄，要符合人物所处的特定环境。

2. 富有动作性。戏剧人物语言的动作性，是说人物的语言要有明确的行动目的，能够引起更多的外部的直观动作，演员的说话配合着动作进行，并借以推动剧情的发展，这就是“话里有戏”。

3. 既有可听性又有含蓄性。戏剧文学中的人物语言，要演员便于

"上口"，观众听来"入耳"。但是这些明白动听的语言又充满了含蓄的潜台词，它能给观众和读者留下展开丰富想象的余地。在《玩偶之家》的高潮，海尔茂说："娜拉，我愿意为你日夜工作，我愿意为你受穷受苦。可是男人不能为他心爱的女人牺牲自己的名誉。"娜拉回答："千千万万的女人都为了男人牺牲过名誉。"这一句话既简洁又含意深远。娜拉的语言不是在发泄她个人的恼怨，而是点破了他（她）们矛盾产生的根源，家庭冲突升华，扩展为社会冲突。这样的人物语言就是既动听又含蓄的戏剧化人物语言。

（四）唱词的写作

戏剧创作中，在把握人物关系和人物命运的基础上。唱词的写作就显得异常重要。

1. 唱词写作要很好地把握人物的心理活动。小说中，人物心理可以直接描述，可以内心独白。戏剧则不同，人物的心理活动，一方面要靠人物动作、对话来展示，一方面就是靠唱词来表现人物复杂的心理。由于戏剧中"听"的成分很大，所以对唱词的要求也就很高。

2. 唱词写作要注意押韵上口。唱词写作与诗词相近，但较为灵活宽泛。在押韵上，一般使用十三韵辙，有"洪声韵"和"细声韵之分"。

3. 唱词的语言以优美为上，要求明白易懂，生动形象，尽量少用典故。有时也可以引用一些口语。

4. 写好对唱。对唱的人物由于性格不同，其语言也有差异。对唱的唱词有长有短，有急有缓，通过一定的节奏感，充分展示人物的性格特点。如现代京剧《沙家浜》"定计"中的对唱；程派京剧《锁麟囊》"长亭遇雨"中的对唱等。

5. 中国的戏剧多种多样，有的唱词写作，不仅仅要根据角色，还要符合唱腔的要求。这一点是十分重要的。

【思考练习】

1. 理解武侠片、喜剧片、艺术电影、商业电影、情景喜剧、青春偶像剧、戏剧冲突、戏剧情节等概念，增强对影视剧的认识。

2. 举例说明题材所形成的类型电影的特点。

3. 简述属性所形成的电影类型的特点。

4. 简述影视文学的审美特征。

5. 简述影视文学创作的镜头设计规律。

6. 电视剧是如何分类的?

7. 影视文学是如何采用特定结构模型来设计故事的?

8. 简述戏剧文学的审美特征。

9. 编写一个小型的剧情片剧本，在此基础上进行导演阐述（题材、类型自定)。

基本要求：

(1) 剧本的故事完整，有人物，有情节，思想主题健康向上。

(2) 剧本创作，可以原创，也可以改编。

(3) 剧本的书写格式规范。

(4) 在剧本的基础上，对未来的完成影片进行较为全面的阐述：空间设计、时间安排、色彩、声音、蒙太奇风格、场面调度及演员表演的要求等等。

(5) 字数不限，依据剧本完成的影片在15～30分钟之间为宜。

实用文体篇

实用文体的范围很广，包括政府公文、经济活动应用文和日常生活应用文等。属于非虚构类写作。

实用文体大都具有程式化的特点。但这并不是说实用文体写作简单化。它通常也追求艺术表现，如公文写作中的情感因素、语言上的字词锤炼、一些修辞格的运用等。

要掌握不同实用文体的写作格式和写作要求，注意文体之间如“总结”和“报告”的区别，培养一丝不苟的写作习惯。

第十一章　演讲词

【要点提示】

1. 演讲和演讲词的概念：演讲是指演讲者就某些问题和某些事件、在一定场合面对观众发表自己的见解和主张。

演讲词是围绕演讲者的演讲目的而写成的适合演讲场合、听众和演讲者表达的文稿。

2. 把握演讲词的写作方法和技巧。

第一节　演讲的概念和作用

一、演讲的概念

演讲又称演说、讲演，是指演讲者就某些问题和某些事件，在一定场合面对观众发表自己的见解和主张。演讲必须具备三个条件，即演讲者，又叫演讲主体；听众，又叫演讲客体；演讲的时间和环境，三者缺一不可，离开任何一个条件都不能够成为演讲。

演讲不但是一种以讲为主的宣传活动，而且还是一种以演为辅的艺术性活动。演讲中的讲起主导作用，是决定因素，“演”必须建立在“讲”的基础上，否则它就失去了存在的意义。因此，只有既“讲”又“演”，以“讲”为主，以“演”为辅相互交织、相互渗透，既是听觉的，又是视觉的，同时拥有“时间性”和“空间性”的综合活动才是演讲的本质属性。

综上所述，演讲就是“演讲者”在特定的时间和空间当中，借助于有声语言和行为语言等艺术手段，面对广大观众发表意见抒发情感，从而达到感召观众的一种现实的社会实践活动。

二、演讲的作用

演讲历史悠久，早在春秋战国时期伴随着百家争鸣政治局面的出现，有许多思想家常用演讲来宣传自己的政治主张，比如周游列国的孔子、孟子、苏秦等人。

随着改革开放的发展，演讲由政治领域进入经济领域，时代的呼唤、社会的需求使演讲学发展成具有新的时代特征的灵魂工程学，成为启迪人们心灵的重要工具。

演讲用途越来越广泛，它既是政治斗争的武器，又是传授知识的手段，还是进行思想教育的工具，演讲成为每一个人步入社会的必要技能，比如，它可以成为求职成功的桥梁，还可以成为树立自我形象的渠道。

第二节　演讲词的概念和类别

一、演讲词

是围绕演讲者的演讲目的而写成的适合演讲场合、听众和演讲者表达的文稿。俗称演说辞、演讲稿、讲话稿，旨在表达感情，发表建议和主张，提出号召和倡议。通过它，讲话的人可以把自己的主张、观点、见解以及思想感情传达给与会者，从而产生一定的影响，达到宣传和教育的作用。演讲词属于议论文的范畴，但它一般不讲求说理的严密性和思维的逻辑性，而总是以某一种精神鼓舞人，以真切的感情打动人。

由于演讲是一听而过的，时间有限，所以一篇演讲词只能安排一个中心思想，并且要求中心突出。另外，演讲主要是通过语音表达，这就要求演讲词结构层次分明，脉络清晰，这样听众才容易听懂演讲者所要表达的观点，也只有这样演讲才能取得预期效果。

二、演讲词分类

（一）社会政治演讲

是针对有关社会问题、经济问题、文化教育问题、伦理道德问题、风俗习惯问题等做的公开演讲，这类演讲一般从当前正在发生或即将发生的社会重大事件出发，有针对性地提出社会生活中某一方面迫切需要解决的问题，并十分明确地表示要为解决问题而努力。因此这类演讲中常常包含着种种建议和解决问题的方法，使演讲成为听众行动的指南。这类演讲具有鲜明的思想倾向性、清晰的思维连贯性和强烈的鼓动感召性。

（二）学术演讲

就是针对科学领域中的学术问题进行分析研究，并向相关人员传授或汇报学术研究成果，发表学术见解的演讲，这类演讲应以透彻的论证、严密的逻辑推理、严谨的语言风格以及运用必要的专业术语作为特点。如各学科学会的年会以及各种学术讨论会都会给与会者发表学术见解的演讲机会。一项新的科研成果的传播和应用很大程度上来自于学术演讲的成功。

（三）法庭演讲

这种演讲是演讲类型中最古老的类型之一，包括检察官的起诉演讲、律师的辩护演讲等。这类演讲在事实清楚的基础上，大多具有评判的性质，并且具有以追求道义上和法律上的认定为目的的特点，客观充分的论据和详尽的旁证是这类演讲获得成功的必要条件。

（四）社会生活演讲

这类演讲主要是指祝词、贺词、开幕词、闭幕词、宴会或联谊会上的即兴演讲以及祝酒词和悼词等。这种演讲反映人与人之间的社会关系，这些社会关系又反映一定的社会生活和早已形成的风俗风尚及民间传统，在这类演讲中体现出人与人之间的和谐友好，亲密的礼尚往来，相互的鼓励关爱，例如学校毕业典礼上校长的演讲。

（五）宗教神学演讲

这也是一种古老的演讲类型，神父布道是宗教神学演讲的基本形式，往往以宗教法典为依据进行宗教知识和伦理道德方面的说教和训诫。

（六）娱乐性演讲

这种演讲被称为饭后闲谈，主要给人们以轻松愉快之感，听众不需要记住演讲者所说的事情。中心议题由一连串幽默话题组成，偶尔也涉及现实生活中的严肃话题。比如周立波的“壹周立波秀”。

此外还有传授性演讲，说服性演讲，鼓动性演讲等。

第三节　演讲词的特点

理解演讲词的特点，就是把握演讲的特点，因为演讲词终归是为演讲准备的。

一、现实性

1. 演讲属于现实的活动范畴，不属于艺术创作和表演的活动范畴。

2. 演讲不是出于审美的需要，而是为了满足现实的需要。演讲的内容大多是现实问题，其目的是为了解答人生当中遇到的疑难问题。演讲的生命力在于与社会和时代同步，随着人们对社会文化的需求而产生，演讲者要当众演讲，并非让听众去欣赏艺术，而是去解决现实问题。因此演讲具有现实性。即使一位伟人、作家或艺术家登台演讲，他有可能在表达上艺术性很强，但他主要还是以宣传教育为目的，并不是艺术创作活动。

演讲的现实性主要是把握时代脉搏，捕捉时代信息，深化时代主题，用自己对现实生活的感悟和体验向听众传递最有价值最有意义的信息，纵观史上著名的演讲，无一不是因其强烈的现实意义而名垂青史。比如林肯的“葛底斯堡演说”是闻名世界的伟大演讲，他的演讲词早已被铸成金字，至今存放在牛津大学，成为英语演说的典范，供人们欣赏。它的突出特点是因为演说词在当时具有伟大的现实意义。

二、个性化

演讲的特点是演讲者用自己的语言表达自己的意愿，凸显演讲者的思想感情和性格特征。我们知道，平时讲课作报告，一般的大会发言这都不是个性化很强的表达方式。演讲的个性化主要体现在演讲时性格的外化形式，因而不同的演讲者有不同的风格。有的慷慨激昂、有的令人警醒、有的娓娓道来、有的发人深思，一切成功的演讲都是言为心声，无不打上性格的烙印。演讲的风格是一个人的性格体现。演讲中一定要尽全力去表达自己的爱憎、所思所感，给听众一个全新的完整的自我形象，这就是演讲的个性化。

三、艺术性

演讲的艺术性不属于艺术创作或表演，而是一种实用的艺术，是为了满足某种需求而表现出来的某种艺术。演讲的“演”不同于扮演角色或表演节目等艺术表演，而是自然真实地表现自己的本色、性格和气质、修养和思想感情。演讲的艺术性主要表现在以下几个方面：

1. 语言运用的艺术性。演讲的语言要求精炼、优美、新颖，演讲的语言艺术是在准备演讲稿时就要充分体现的，无论是选取题材、提炼主题，还是设计结构、选择材料、遣词造句都要追求艺术性。

2. 仪表体态的艺术性。演讲是口语艺术的体现，也是演讲者仪表、着装、面部表情、手势动作、身体姿态等非语言形式的展示。口语主要作用于人的听觉，而体态风度主要作用于人的视觉，只有二者兼备才会有引人注目的魅力，才能达到完美的境界。演讲者仪表体态的艺术性包括服装服饰大方得体，面部表情从容自信，手势动作潇洒自然。这些艺术性的实现需要提前策划与设计，要考虑着装与内容的有机结合，做到一举手一投足都恰到好处，信手拈来。

3. 即兴发挥的艺术性。演讲是现场的艺术，其中的临场发挥、即兴创作是演讲成功的重要因素。演讲者不仅要组织好语言，生动地表达自己的观点和感受，而且还要时刻调动听众的情绪和兴奋点。这种即兴发挥对演讲者的能力和素质要求很高。演讲并非是简单的一言堂，要求演讲者与观众彼此呼应，现场互动交流，其中掌控全场的人是演讲者，因此演讲即兴发挥的艺术性要靠演讲者去调动现场听众的情绪，营造一种现场氛围。

第四节　演讲词的写作

一、演讲词的写作方法

（一）选择题目

演讲者通常面临的一个问题就是："我要讲什么?"选择一个题目，并根据题目所规定的内容进行演讲，这是每一个进行演讲的人首先应明确的。进行演讲的情况很多，在许多人看来，只有那些学识渊博的有识之士才会被邀请去演讲，但在现实生活中，每一个人都有参加演讲的机会，因为一般的演讲活动，演讲者往往是在一个非本专业的范围中选择题目的。除了在大领域、大主题方面有所限定外，演讲的题目都是由演讲者自己决定的。也就是说，演讲的题目会十分丰富宽泛，这就要求演讲者在选择题目上费一番脑筋。

1. 选择的题目应当适合听众的需要，使听众能够获得教益或娱乐。无论是初学演讲的人还是职业演讲家，都应该首先分析听众，了解听众想听什么。要以听众为中心，而不是以自我为中心。

2. 要到现实生活中去寻找最适合的题目。演讲中的情感激发离不开生活基础，要想把自己融入演讲中，就要用真情实感来讲述自己被感动的故事。不仅要对自己的话题怀有热烈的情绪，还要把这种情绪传达给听众。

3. 选择具有普遍意义又促人思考、令人折服的题目。

（二）确定主题（中心思想）

1. 确定主题的条件

演讲选题确定后的首要任务就是确立主题。主题是演讲的灵魂，主题确立了，才能进行其他的步骤。"意犹帅也，无帅之兵，谓之乌合。"确定主题以表明在演讲中所要达到的特定目标，阐述的要点越鲜明，就越容易达到预定的目的。

所谓演讲的主题，就是指要讲些什么内容，要告诉听众什么事情，要传达给听众什么信息。一旦明确了要把什么样的中心思想传播给听众，演讲的主题也就形成了。

确立演讲主题一般要考虑这样两种情况：

（1）已经给了确定主题的范围，演讲者根据已给范围确定主题。比如演讲比赛。这类演讲主题的确立，需要演讲者依据所给出的主题范围大量查阅资料并结合自己的亲身感受、体验来确定演讲的主题。

（2）有感而发的主题。这类演讲大多是针对社会上的某种现象或某种事物、人物有感而发所做的演讲。演讲者在日常生活中，面对某些社会现象，有所感悟，有所思考，觉得应该对听众讲一讲，以起到匡扶正义、弘扬正气、鼓舞士气、鞭挞丑恶、针砭时弊、揭露罪恶等作用。这类演讲的主题往往是演讲者在感性材料的基础上通过提炼形成的。

分清以上两种情况，所确立的主题才能更有意义和价值。无论是哪种场合哪类主题，都必须要观点明确，旗帜鲜明，决不能模棱两可，含糊不清。所有好的演讲都必须做到目的清楚，即主题明确。

怀有明确主题的演讲者就如同一个有目的的旅行者。他首先要确定旅行目的地，然后拿出地图，选定路线，计算所需要的时间，确定在什么地方停下休息、吃饭和给汽车加油，计算好旅行所需要的费用以及携带哪些衣物。同样，有了明确主题的演讲者也会制定出有目的的、系统的计划。有了明确的主题，为了达到它，就明确地思考：应该确定哪些观点？搜集哪些材料？哪些材料应该忍痛割爱，略去不用？在听众中寻求你所期望的特殊反映，是演讲成功非常重要的一步。只有对听众有启发的主题，对听众有价值的主题，才是听众欢迎的主题。

2. 选择最有意义的主题

（1）选择现实生活中人们普遍关注又急需知道答案的主题。每一个历史时期都有观众普遍关注的问题。例如：保持经济增长的主题、反腐倡廉主题。选择主题时，要有针对性地帮助听众解除他们心中的疑惑，回答其迫切想知道的问题。

（2）选择自己有真知灼见、有把握讲好的主题。人们都希望从别人的话里听到自己不知道的事情，懂得一些自己不懂得的道理，希望能有“听君一席话，胜读十年书”的收获，而不愿浪费时间去听那些自己早就明白的道理。演讲者不可对自己选择的主题似是而非，自己还一知半解就急于发表演讲。要选择自己熟悉又有发言权，经过反复思考，能提出真知灼见的主题。对听众不能有启发和帮助，没有新鲜的、独到的见解的主题，就不利于演讲。

（3）选择的主题要符合听众的心理。由于不同的听众在年龄、知识、职业、阅历等方面差异很大，在心理上也会有所差异。同一个主题，老年人爱听，年轻人就不一定爱听。凡此种种，在选择主题时都必须考虑。要了解听众，熟悉听众，因人而异地选择演讲的主题。

（4）选择主题要单一。一次演讲的主题最好只有一个，集中说深说透为最好。有的演讲者追求面面俱到、包罗万象，想把自己想到的都告诉听众，结果只能是蜻蜓点水，一个主题都说不透。另外，演讲是受一定时间限制的，如果主题太多，势必讲不清楚。所以，演讲主题一定要单一，千万不可贪多求全。

演讲是一种宣传人、教育人、鼓舞人的社会实践活动，演讲者面对的是人，是听众。演讲者的思想、品德、情感在有意与无意间影响着听众的思想、品德、情感，因此，演讲者必须要有高尚的思想修养，其演讲主题才会更具有说服力，才能让听众心服口服，这就是演讲者的个人魅力。如果演讲者是一个思想高尚、品德优秀的人，那么他的演讲主题肯定在听众接受他本人的同时也就被接受了。很难想象一个思想腐化、道德低下的人的演讲会受到听众的欢迎。

（三）搜集材料

在明确了特定目的和为了实现这一目的必须确定的主题之后，就要努力搜寻材料，使之为阐明的主题服务。如果说主题是演讲的灵魂，那么材料就是演讲的血肉。为了使演讲丰满，在确定了演讲主题之后，要撒开大网，广泛搜集演讲时将会使用到的材料。一位演讲者，要想使自己的演讲精彩、生动，必须占有大量的资料，必须在日常生活中做一个有心人，随时随处搜集、保存用得到的材料。既然占有材料对演讲成功如此重要，那么通过什么途径去搜集材料呢？一般来说，演讲中所使用的材料可以分为三大类：直接材料、间接材料和创意材料。

1. 直接材料的搜集。所谓直接材料，就是演讲者在日常的工作、交往、生活及社会活动中的所见、所闻，是演讲者亲身经历或耳闻目睹的一些事件、言论、感受。也就是演讲者自身通过对社会的观察、体验、感受、调查、研究所得到的第一手材料。每一个人都生活在大千世界、芸芸众生之中，上至国家大事，下至亲朋琐事，随时随处都可以见到、听到令我们悲哀、喜悦、愤怒、忧伤的事情。只要我们注意观察总结，留心记忆，就一定会建立起一个丰富生动的第一手材料库，里面的材料会是最生动、最鲜活、最真实、最具体、最独特、也是最有说服力的。这些直接材料是演讲获得成功的最宝贵的素材。

2. 间接材料的搜集。所谓间接材料，指演讲者从报纸、杂志、书籍、广播、电视、网络等媒体上搜集到的材料，也可称为二手材料。所有的演讲者都生活在一定的社会时空中，都会感受到时间、空间的限制，不可能事事都亲身体验、经历。大量的材料只能从各种传播媒体中获得。间接材料的优点是范围广、内容丰富，避免了个人经历的狭窄、不足，而且间接材料多是经加工整理过的，是一些比较成形的材料。但间接材料也有其缺点，即带有加工者的主观色彩，所以在搜集使用间接材料时要做好去粗取精、去伪存真的鉴别工作，使其为我们使用。支持我们观点的间接材料要形象化和通俗易懂，可用统计数字、名家名句、格言警句等等。要小心判断已经掌握的每一项特殊的事实、数字、格言和例证是否真的能使演讲真实生动，行之有效的办法是把每一条事实或一个个例证分别记载在一张卡片上，最后定稿时，再反复推敲，决定取舍。记下每一条论证材料时，要尽量做到数字精确，内容真实。所记录的材料若不是相当精确，那就需要做些查询核实工作，以提高资料的精确性。

3. 创意材料的搜集整理。所谓创意材料，是指演讲者在大量的直接材料和间接材料的基础上，经过归纳、分析、研究所获得的材料。创意材料是演讲者思考的结果，带有很强的主观色彩，但同时也具有新颖性和独特性。虽然创意材料是在我们头脑中形成的，但仍需要搜集，不能指望演讲需要的时候它很自然会在头脑中出现。因为人的许多思想火花和艺术灵感是一闪即逝的，如果我们不将其牢牢记住，那些闪烁着思想火花和艺术灵感的结晶就不会第二次出现。我们只有不失时机地把它们记住，才能在演讲时充分应用。

（四）筛选事例

使用生动的事例可以使演讲更具有说服力，筛选事例的要领有如下方面。

1. 要选择能反映主题的事例。

2. 要选择具有典型意义的事例。

3. 要选择真实可信的事例。

4. 要选择新鲜的事例。

应当强调的是：要收集尽可能多的材料。演讲者应该占有的材料要远远超过演讲时所需要的材料。头脑里应该把所要讲的东西整理好，确信自己已经掌握了所要讲的全部内容。一位经验丰富的演讲者在准备演讲材料时，面临的困难不是使用哪些材料，而是删掉哪些材料。

演讲者应该努力去创造这种理想的局面：演讲中所使用的材料的实际数量与你所掌握的材料的多少成正比，如冰山浮在水面上的大小与其沉在水下面的大小成正比一样。

（五）拟定结构

结构对于演讲就像骨骼对于人体一样，人的骨骼长得好，整个人看起来就身体匀称。结构又像大楼的框架，框架搭的好，大楼的整体才会坚实。演讲稿的结构好坏，直接影响到演讲的质量和效果。

所谓演讲稿的结构，就是演讲者为了充分表现演讲的主题，把一些散乱的、零碎的、无序的材料按照事物发展的内部规律，有机地、巧妙地组织安排起来，由此形成的一个框架体系。

1. 结构要清晰明白。演讲稿和写文章一样都要讲究结构。开头怎样写、中间怎样写、结尾怎样写、怎样承接、怎样转折，都和写文章相似。而演讲稿更要求结构的清晰与逻辑的严密。因为演讲是以声传意的，演讲者是借助声音来向听众传达自己的思想感情的，如果演讲稿的结构不够清晰，那么听众听起来就如坠入云雾里，听不出个头绪。这样的演讲也只能以失败告终。因此，在安排演讲稿的结构时，首先要考虑的是结构一定要清晰，层次感要强，要让听众一听就明白讲了些什么事情，问题是如何提出的，是怎样进行分析的，最后又是如何解决问题的。只有如此，演讲才能达到预期效果。

2. 演讲稿结构的特殊模式。演讲稿作为一种特殊文体，它除了具有文章结构的一般模式外，还有其自身的特点，在结构上有其特殊的模式。演讲在文体上更近似论说文，因此有论说文的文章结构，即开头提出问题到主体分析论证问题至结尾总结归纳问题。此外，演讲稿还需要有一个开头语和结束语。演讲者登台演讲与听众见面时要先打招呼，演讲结束时也要致谢和说几句告别的话，这又形成了演讲稿和论说文不同的文体结构模式。

3. 要紧扣主题。因为演讲的时间有限，在安排演讲稿结构时，最好紧扣主题，不蔓不枝。演讲中可能以议论为主，也可能以叙述为主，也可能夹叙夹议，但无论是论证还是抒情，无论是叙事还是说理，无论是运用事例材料还是观点材料，绝不可“下笔千言，离题万里”。演讲稿的结构一定要紧紧围绕中心展开，结构完整，论证严密，不可东拉西扯，自由散漫。

4. 要层次分明。层次和条理的分明是演讲稿结构的主体。拟定演讲稿主题的中心观点后，把中心观点中的各论点进一步细化为几个自然段落，每一论点之中又有它的分论点和最贴切的论证材料，每个分论点又分为若干层次。把分论点和论证材料的程序按一定的逻辑关系排列好，拟定先后的层次顺序，就可以开始考虑一个出色的开头和结尾了。

5. 逻辑性要强。说服人、教育人历来离不开逻辑的力量。面对公众进行演讲，要说服、教育、鼓动一个群体，没有逻辑的力量更是难以做到的。因此，我们在构架演讲的结构时不能忽略了它的逻辑性。一篇优秀的演讲稿，必须充满睿智，具有严谨的逻辑性。随着演讲的层层推进，主题就在严密的逻辑推理中得到了有力地揭示和证明。

6. 结构上要跌宕起伏。演讲的成功不仅依赖于演讲的思想正确、观点鲜明、材料生动，还在于演讲的结构活泼、跌宕起伏，使人愿意听、喜欢听，容易被吸引和被感染。因此，在结构演讲稿时，一定要注意使其高潮与平缓相间，叙事说理与升华议论交叉结合，只有这样，演讲才会多姿多彩，深得人心。

（六）锤炼语言

演讲者任何一种思想或情感的表达都是靠语言完成的，因此，演讲稿的语言是演讲的生命线。未经过深思熟虑和锤炼的语言不能写进演讲稿中。演讲的语言一般要求有以下方面。

1. 准确、明白。演讲语言要准确、明白，就是要使遣词造句能够确切地表情达意，如实反映客观事物的真实面貌。演讲要有科学性和逻辑性，离开了准确的语言，科学性和逻辑性就成了一句空话。

2. 简洁、精炼。无论哪一种演讲，在时间上都是有要求的。要想在一定的时间内表达最丰富的内容，传达最大的信息量，只有提高单位时间内的效率，而这个效率不能靠语速来解决，只能用最简洁、最精练的语言来表达最丰富的内涵。培根说过：“冗长的话语是最乏味的东西，很少有人会聆听它们。”演讲的好坏并不取决于演讲时间的长短，只要充分表达了主题思想就完成了演讲任务。很多简短的演讲同样能给人留下深刻的印象。

3. 通俗、易懂。演讲的语言要通俗、易懂。令听众费解、困惑的语言，是演讲时必须要回避的。要使演讲的语言通俗易懂，需注意以下几点：

（1）多用口语化语言。

（2）多用自己的语言。

（3）推敲锤炼语言。

（4）追求语言生动、形象。

演讲中的口语绝对不是生活口语而是经过艺术化的语言。它去除了生活中的啰唆、重复、语病甚至脏话等语言杂质，追求的是更精彩、更凝练、更生动、更形象的语言。如：使用充满人性化的语言，充满细节描述、模拟化、视觉化的语言等。可以将听众引领进演讲者描述的场景和人物故事中去，可以启发听众的想象力和联想力。这样的语言既能够帮助听众理解演讲内容，又可以避免演讲枯燥乏味。

二、演讲词写作技巧

（一）确定风格、基调的技巧

演讲前，确定采用什么样的风格、基调，是非常有必要的。内容上，是歌颂，以正面弘扬为主？还是鞭挞，以反面揭露为主？表达风格上，是慷慨激昂般的高亢？还是江河奔流般的深沉？或是涓涓细水般的娓娓道来？这一切都要根据主题的确立、材料的掌握和演讲人的语言风格来确定。风格、基调确定了，才能使演讲从内容到形式浑然一体，相映成趣，演讲也才能达到最佳效果。

1. 从内容上，演讲的风格、基调可以分为三种：

（1）以颂扬为主的演讲。这类演讲多是对英雄事迹的赞美和歌颂，或以弘扬爱国主义、民族主义为题。

（2）以批判、揭露、谴责为主的演讲。这类演讲多用于对社会丑恶现象、事物、人物的批判。

（3）反思型演讲。这类演讲多是颂扬与揭露并存，通过对一类社会现象、社会事实、社会人物的反思，从而提出问题、分析问题、解决问题，引发听众思考，给听众以启迪。

2. 从结构特点上，演讲的风格、基调也分为三种：

（1）慷慨激昂式。这类演讲气势恢宏，演讲者多用情感充沛的语言，慷慨陈词，滔滔不绝。演讲中，喜悦与愤怒都溢于言表。这类演讲鼓动性强，号召力大，极具战斗力。

（2）深沉凝练式。这种基调的演讲既有情感的抒发，更有理性的分析。最大的价值在于演讲者对事情深刻地加以剖析和判断。这是现实生活中最常见的一种演讲风格，多用于反思型的演讲内容。

（3）涓涓流水式。这类风格的演讲，演讲者以自然流畅的语言向听众倾诉心中的话语，如小河流水般，慢慢地渗入听众的心田。这样的演讲能起到“润物细无声”的功效。这类演讲的特点是平等和谐，亲切温馨，多用在平时生活环境中。与听众交流某种情感或思想，给人以清新自然的感觉。

（二）营造高潮的写作技巧

演讲要求节奏鲜明，张弛有度，要有波澜起伏的段落和引人入胜的高潮。成功的演讲者总能掀起几次高潮，把听众带到心潮澎湃、热血沸腾的佳境。营造演讲高潮需要技巧，需利用一定的修辞手法和精彩的语言。具体技巧有：

1. 以重复形成的高潮。重复就是在演讲中将某一句、某几句和某一段话重复一遍或者数遍，这样的重复，不仅是为了让听众听清一些重要的词句，更重要的是在重复时通过有声语言的变化，加强语气，强调观点和升华感情，从而增强语言表达的效果。演讲中的重复会把演讲者的思想感情表现得淋漓尽致，把听众的情绪推向高潮。

2. 以排比形成高潮。根据演讲内容的需要，运用排比的修辞手法把演讲推向高潮，这就是排比高潮法。排比句结构匀称、排比整齐和谐，读起来朗朗上口，利于激烈感情的宣泄和重点语句的强调，是形成演讲高潮的有效手段。

3. 结尾时形成高潮。结尾高潮指演讲者在演讲过程中一句比一句有力量，一层比一层有气势，演讲的感染力自始至终呈直线上升的趋势，直到结尾时把演讲推向高潮。这样的结束语给听众的感觉是一浪高过一浪，使听众精神不得涣散，心理不得喘息，思维和情感始终由演讲者牵着向上攀登，直到整个演讲的最高峰。

（三）演讲开头的技巧

能在最短的时间里吸引听众的演讲开头就是好开头。演讲的开头在演讲中起着至关重要的作用。历来著名的演讲家都煞费苦心，希望在演讲的开头就能牢牢抓住听众，为自己的演讲奠定成功的基础。

1. 开头在演讲中的重要作用

（1）演讲的开头是演讲者与听众之间建立起的第一座情感桥梁，演讲者的开头语给听众留下的印象最为深刻。

（2）一个好的演讲开头，能为全篇的演讲定下基调。

（3）好的演讲开头，能引起听众的兴趣。

（4）一个好的演讲开头，能点明主题，引领下文。

2. 常见的演讲开头

（1）设问式开头。设问式开头就是演讲使用设问句开场。设问式开头的优点就是入题快捷，避免了拖沓，并且容易引起听众的注意。所提问题，可以吸引听众带着问题继续听你演讲，充分调动听众的听讲兴趣。设问句开头应注意的是，一定不要无疑而问，不要为了设问而设问。

（2）悬念式开头。悬念式开头是“要知结果如何，且听下回分解”的作用。它与设问式开头的不同之处是：设问式开头，在提出问题后，很快就会作答，不会把答案留在演讲结束时回答。而悬念式的开头，用扣人心弦的故事或触目惊心的事实制造悬念，产生吸引力，会令听众在脑海里产生一连串的疑问，这些疑问会令听众急切地希望你讲下去。直到演讲的最后，疑团才被解开，悬念才有结果。这种开头的优点是扣人心弦，吸引力强。悬念式开头要注意的是，不要故弄玄虚，否则容易弄巧成拙。

（3）开门见山式开头。开门见山直切主题，这是许多演讲家常用的方式，也是比较容易掌握的一种开头方式。这种开头方式的优点是，直接点明主题，有利于听众一开始就把握住演讲的主旨，而且节省时间。

开门见山式开头的缺点是，如果不加修饰，容易使开头显得直白，缺少韵味。

（4）说明题目式开头。演讲者在演讲的开头部分，重点对自己演讲的题目予以解释，这就是说明题目式开头。这种演讲的题目，往往是寓意深刻或令人费解的，演讲者通过对演讲题目的解释，说明自己的观点或用此提示演讲的原因。这类演讲开头的优点是衔接自然，演讲顺畅，生动有趣。

说明题目式开头的缺点是，如果设计不好，容易给人画蛇添足或哗众取宠的感觉，因此，使用此种开头一定要考虑演讲题目本身是否适合。

（5）抒情式开头。演讲是一种信息沟通活动，也是一种情感交流活动。抒情式演讲开头的优点是，很容易在感情上打动听众，与听众建立起情感交流的通道。

抒情式开头的缺点是，如果设计不当，容易给人造成空洞无物和无病呻吟的印象。所以，采用抒情式开头，一定要感情充沛，当抒则抒。

（6）叙述式开头。这种演讲的开头方式，就是用叙述的口吻，向听众叙述一件事情。其优点是，故事性强，自然亲切，易于引人入胜，为下面的演讲奠定基础。

叙述式开头的缺点是，如果叙述不当，容易给听众造成平铺直叙、平淡乏味的感觉、因此采用这种形式开头时，重要的是选择好叙述的事例。

（7）诗词格言式开头。这是演讲者采用诗词或名人的格言、警句进行开头的一种演讲方式。这种开头方式的优点是，演讲者借助名人伟人的话开口说话，有利于其演讲主题的直接表达，增加权威性和说服力。应用得好，它可以起到言简意赅、画龙点睛的作用，极具说服力。

这种开头方式的缺点是，使用不好，容易给听众留下卖弄知识的嫌疑，而且还很难把握演讲的基调。所以在使用时，应找到恰当确切的诗词、格言、警句，千万不要信手拈来、滥竽充数，不要为了用诗词而用诗词，否则会弄巧成拙、漏洞百出。

除以上开头方式外，还有亲热赞扬式、道具展示式、新闻导入式、忠告劝诫式、幽默玩笑式等开头方式。这些方式都要根据演讲的内容和主题确定，不可随意选择、盲目使用。

（四）演讲结尾的技巧

演讲的结尾，是演讲结构中的重要组成部分。好的结尾，可以使演讲意味无穷，为演讲增添光彩。演讲决不可虎头蛇尾，而要有一个坚实有力的“豹尾”。成功的演讲者，都希望结尾时再给听众留下一个精彩的印象，都会在结尾处狠下功夫，否则演讲可能会功亏一篑。

1. 演讲结尾在演讲中的作用

（1）收束全篇，完成演讲。演讲的结构，是由开头、主体、结尾三部分构成的，如果缺少结尾，演讲就是不完整的。演讲内容基本完成以后，必须有一个结尾收束全篇，完成演讲，给听众善始善终的印象。

（2）揭示主题，强化效果。一次完整的演讲，由于时间的流逝，听众难免有遗忘的地方。为了帮助听众对演讲主题能牢牢把握，有必要在演讲的结尾再一次点明主题，帮助听众回忆以往的内容，强化听众对主题的理解。

（3）鼓舞情绪，促进行动。成功的演讲者往往在演讲结尾处把听众的情绪推向新的高潮，使听众被某种思想所引导，被某种情绪所感染，被某种鼓舞所激奋，并决心为演讲者描绘的目标而努力奋斗。这正是演讲结尾所担负的使命。

2. 常见的演讲结尾

（1）总结式结尾。这种结尾方式是演讲者在分析论证了问题之后，以其精练的语言，对整个演讲的观点总结概括，进一步突出主题的一种结尾方式。这种结尾方式的优点是结构完整，给听众留下的印象清晰，有利于听众对演讲主题进行把握。

总结式结尾的缺点是，如果使用不好，容易给听众造成重复、枯燥的感觉。

（2）号召式结尾。号召式结尾最能体现演讲的目的，即鼓励听众按演讲中所倡导的精神去努力，去拼搏。号召式结尾最突出的优势就是充满激情，给人一种蓬勃向上的力量，让听众产生跃跃欲试的热情。

（3）抒情式结尾。演讲离不开情感，演讲的结尾词同样离不开情感。演讲者被自己所讲的人或事打动时，在演讲的结尾处，这种感情就会达到高峰。这是抒情式结尾的前提。

这种演讲结尾的优点是，感染力强，容易与听众产生情感上的共鸣，也利于把演讲推向新的高潮。

抒情式结尾的缺点是，若使用不当，会给人留下矫揉造作的印象。因此，使用这种演讲结尾，一定要情之所至，有感而发，不要凭空抒情，更不要无病呻吟。

（4）决心式结尾。决心式结尾，就是演讲者在演讲的结尾以表示决心为主。这种演讲结尾的优点是，充满力量，给人信心。决心式结尾的缺点是，若使用不当，容易变成口号，变成一种公式化的东西。

（5）诗词、格言式结尾。人们大多喜欢优美的诗词，喜欢富有哲理的格言警句。美好的诗句和名人伟人的格言警句，都是演讲结尾的好材料。这种演讲结尾的优点是，可以使演讲在凝练、生动、经典的语言中结束，而且极富节奏感，可以增加演讲的艺术感染力。

在使用诗词、格言结尾时，切忌为用诗而用诗，为用典而用典。若使用不当，或给人留下画蛇添足的印象。

（6）祝愿式结尾。祝愿式结尾常常运用在一些晚会、聚会、开业庆典仪式等场合中，演讲者将自己美好的祝愿送给听众，送给所崇拜的人和事。这种演讲的结尾的优点是感情真挚，亲切自然，容易给会场营造一种欢乐的气氛，也容易使演讲达到又一个高潮。

当然，使用祝愿式结尾，也要注意祝词不要流于空洞，以免给听众留下虚情假意的印象。

【思考练习】

1. 简述演讲词的开头和结尾对于演讲的重要性。结合你的演讲经验，谈谈演讲词开头和结尾的写作技巧。

2. 详细了解演讲词的写作步骤及演讲规则，分析听众接受程度，试以“我有一个梦想”为题目，完成一篇演讲词的写作。要求：观点正确、逻辑及结构合理，段落设置恰到好处，语言规范生动。

第十二章　请示和报告

【要点提示】

1. 请示的概念、性质。请示是下级机关向上级机关请求决断、指示、批示或批准事项所使用的呈批性公文。请示属于上行公文，其应用范围也比较广泛。

2. 请示的特点：(1) 陈请性；(2) 求复性；(3) 超前性；(4) 单一性。

3. 请示的类型：(1) 事件性请示；(2) 政策性请示。

4. 报告的概念：报告是指下级向上级机关汇报工作、反映情况、提出意见或者建议，答复上级机关询问的公文文体。

5. 报告的特点：(1) 内容的汇报性；(2) 语言的陈述性；(3) 行文的单向性；(4) 成文的事后性；(5) 双向的沟通性。

6. 报告的类型：(1) 例行报告（日报、周报、旬报、月报、季报、年报等)；(2) 综合报告；(3) 专题报告。按形式职能报告还可包括：合同范本、领导讲话、会议发言、述职报告、心得体会、竞聘演讲、礼仪致辞、入党申请、法律文书、计划规划等。

第一节　请　示

请示是机关单位经常使用的一种陈请性上行文。是我国现行党和各级领导机关使用的 14 个常用文件之一。对于下级机关工作的作用是不言而喻的。但是，现在还有人在需要写作请示的时候说“打个报告”，甚至还有人使用编造的“请示报告”文种。这就更加需要认清请示的特点，注意请示与报告的区别，掌握请示的写法。

本节着重介绍请示的概念、特点和类型，并与报告做比较。

一、请示的概念和特征

（一）请示的概念

请示是下级机关向上级机关请求决断、指示、批示或批准事项所使用的呈批性公文。请示属于上行公文，其应用范围也比较广泛。

1987年国务院办公厅正式发布《国家行政机关公文处理办法》之前，请示和报告在工作实践中经常出现混淆不清的错误。其后，尽管国家已有权威的规定，但在实际中还是出现不少错误。应当指出，自国务院提高发文机关规格于2000年8月24日发布《国家行政机关公文处理办法》后，就不能再出现上述的错误了。

（二）请示的特点

请示的特点可以在与报告的比较中看出。

1. 陈请性。请示是向上级机关请求指示和批准的公文，行文内容具有请求性。而报告是向上级机关汇报工作、反映情况、答复上级机关的询问或者要求的公文，具有陈述性。

2. 求复性。请示的行文目的是请求上级批准，解决某个具体问题，要求做出明确答复。而报告的目的则在于使上级掌握某方面或阶段的情况，不要求批复。

3. 超前性。请示行文具有超前性，必须在事前行文，等上级机关作出答复之后才能付诸实施。而报告则可在事后行文，也可在工作进行过程中行文，一般不在事前行文。

4. 单一性。请示事项具有单一性，要求一文一事。而报告可以一文一事，也可以一文数事。

二、请示的类型

请示的分类主要是根据行文的目的和内容的不同来区分的。通常可分为两种。

（一）事项性请示

这种请示是下级机关请求上级机关审核批准某项或者开展某项工作的

请示，属于请求批准性的请示。这种请示多用于机构设置、审定编制、人事任免、重要决定、重大决策、大型项目安排等事项。这些事项按规定本级机关无权决定，必须请示上级机关批准。下级机关在工作中遇到人力、物力、财力等方面难以解决的事项，用请示请求上级机关给予帮助、支持的请示，也是事项性请示。

（二）政策性请示

下级机关往往会在工作中碰到某一方针、政策等不明确、不理解的问题，或者碰到新问题和新情况，要弄清楚和解决这些问题，可用请示行文，并提出解决的意见，请求上级机关给予明确的解释和指示。

三、请示的写作方法及技巧

请示的写法及结构，在行政公文中应该说是比较规范的。

（一）请示的结构

请示由首部、正文和尾部三部分组成，要求结构完整规范。

1．首部

主要包括标题和主送机关两个项目内容。

（1）标题。请示的标题一般有两种构成形式：一种是由发文机关名称、事由和文种构成。如《×县人民政府关于×××的请示》；一种是由事和文种构成，如《关于开展春节拥军优属工作的请示》。写标题要注意，不能将“请示”写成“报告”或“请示报告”，缘由中也不要重复出现“申请”“请求”之类词语。

（2）主送机关。请示的主送机关是指负责受理和答复该文件的机关。每件请示只能写一个主送机关，不能多头请示。

2．正文

正文由开头、主体和结语等部分组成。

（1）开头。主要交代请示的缘由。它是请示事项能否成立的前提条件，也是上级机关批复的根据。原因讲得客观、具体，理由讲得合理、充分、上级机关才好及时决断，予以有针对性的批复。

（2）主体。主要说明请求事项。它是向上级机关提出的具体请求，也是陈述缘由的目的所在。本部分要写清办法、措施、主张、看法等。请示的事项，要符合法规，符合实际，具有可行性和可操作性，要写得具体、明白。这部分内容要单一，只宜请求一件事。请示事项要写得具体、明确、条项清楚，以便上级机关给予明确批复。如果请示的事项内容比较复杂，要分清主次，一条一条地写出来，条理要清楚，重点要突出。

请示事项应该避免不明确、不具体的情况和把缘由、事项混在一起的情况。否则，不得要领，不知要求解决什么问题。

（3）结语。应另起段，习惯用语一般有“当否，请批示”，“妥否，请批复”，“以上请示，请予审批”或“以上请示如无不妥，请批转各地区、各部门研究执行”等。结语是请示必不可少的一项内容，不能遗漏，更不能含糊其辞。

注意：事项简单的，往往和结语合为一句话。如《关于丹霞山风景名胜区列为国家重点风景名胜区的请示》的最后一句话：“现申请把丹霞山风景名胜区列为国家重点风景名胜区，请审批。”

3. 尾部

一般包括署名和成文时间两个项目内容。标题写明发文机关的，这里可不再署名，但需加盖单位公章，成文时间××年×月×日。

（二）要求

1. 一文一事

一份请示只能写一件事，这是《办法》所规定的，也是实际工作的需要。如果一文多事，可能导致受文机关无法批复。

2. 单头请示

请示只能主送一个上级领导机关或者主管部门。如果需要，可以抄送有关机关。这就可以避免出现推诿、扯皮的现象。

3. 不越级请示

这一点，请示与其他行政公文是一样的。如果因特殊情况或紧急事项必须越级请示时，要同时抄送越过的直接上级机关。除个别领导直接交办的事项外，请示一般不直接送领导个人。

4. 不抄送下级

请示是上行公文，行文时不得同时抄送下级以免造成工作混乱，更不能要求下级机关执行上级机关未批准和批复的事项。

（三）具体格式范例

1. 事务性请示格式

关于在×院开展×××工作的请示

院领导：

近一段时间来，我院××××××××××，为了××××××××××××，拟在我院开展×××××××××。具体意见如下：

一、××××××××××××××××××××××××××××××。

二、××××××××××××××××××××××。

三、××××××××××××××××××××。

以上意见已经各分会主席同意，如无不妥，请批转各部门执行。

××医院工会（公章）

××年×月×日

2. 办公会请示格式

关于××××的请示

院领导：

根据×××文件精神，我院拟针对×××，开展×××活动，活动安排如下：

1. ×××××××××××××××××××××××××××××××××。

2. ×××××××××××××××××××××××××××××××××。

3. ×××××××××××××××××××××××××××××××××。

当否，请指示。

××院学生处（公章）

××年×月×日

第二节 报 告

报告是政府机关使用最多的公文文体。写作相对复杂，要用到许多技巧，是秘书人员写作水平的具体体现。所以掌握好这种文体的写作，对触类旁通的掌握其他公文文体特点有极大的裨益。

报告使用范围广泛。按照上级部署或工作计划，每完成一项任务，一般都要向上级写报告，反映工作中的基本情况、工作中取得的经验教训、存在的问题以及今后工作设想等，以取得上级领导部门的指导。而在实际的公文处理中，经常能够看到请示与报告不分的现象，其实请示与报告是两种性质完全不同的文种，本章会对这一问题单独分节进行详细的比较，下面先介绍报告的主要特点。

一、报告的概念、特征和类别

（一）报告的概念

报告的含义比较丰富，自汉朝就出现了宣告、告诉，意义与现代的报告作用有相同之处：

《汉书·王莽传上》："虽文王却虞芮何以加？宜报告天下。"

《宋书·张永传》："永即夜彻围退军，不报告诸军，众军惊扰。"

清代刘献廷《广阳杂记》卷三："又或夜静月明，梢人见有物若巨木，偃卧沙际，方报告惊谛，则倏然入水，风浪遽作。"

洪深《电影戏剧的编剧方法》第七章："补叙既往，是把故事发生以前的事实，或两幕中间发生的事实，报告给观众。"

通过以上情况可以看出，自汉代到20世纪30年代，报告的用途比较宽泛，主要是起到了通知、通告的作用。而到了现在，报告已成为一种比较重要的实用性文体，可以用于对上级有所陈请或汇报时所做的口头或书面的陈述；可以用于在会议上向群众所做的正式陈述。

现在我们通常认为报告适用于向上级机关汇报工作、反映情况、提出意见或者建议，答复上级机关的询问。报告属上行文，一般产生于事后和事情过程中。报告，在已发布的党、人大、政府、军队的公文处理规范中，都规定了这个文种。其适用范围，大体上是一致的，但也有些区别。

以下为四个大机关对报告下的定义：

《中国共产党机关公文处理条例》（以下简称党的《条例》）中规定：报告，“用于向上级机关汇报工作、反映情况、提出建议，答复上级机关的询问”。

《人大机关公文处理办法（试行）》（以下简称人大《办法》）中规定：报告，“适用于报告工作、反映情况、提出建议或答复询问等”。

《国家行政机关公文处理办法》（以下简称《办法》）中规定：报告，“适用于向上级机关汇报工作，反映情况，答复上级机关的询问”。

《中国人民解放军公文处理条例》（以下简称军队《条例》）中规定：“向上级机关汇报工作、反映情况和意见建议”，询问用“报告”。

从以上定义可以发现，四大机关的报告，均是上行文。其中，党、人大、军队三家的报告，都规定了四项用途，包括汇报工作、反映情况、提出建议、答复上级机关询问等。唯独政府的报告，只有三项用途，即汇报工作、反映情况、答复上级机关询问，而没有“提出建议”这个功能。实际上，在2000年发布的行政《办法》之前，也曾有“提出建议”的功能，只是在新的行政《办法》中取消了。承担这一功能新增加了文种：意见。因此，“意见”这个文种多了一个上行文的用途。（节选自《应用写作》2005年第11期《浅谈报告的适用范围和写作要求》）

（二）报告的特点

1. 内容的汇报性：一切报告都是下级向上级机关或业务主管部门汇报工作，让上级机关掌握基本情况并及时对自己的工作进行指导而写，所以，汇报性是“报告”的一个大特点。

2. 语言的陈述性：因为报告具有汇报性，是向上级讲述做了什么工作，或工作是怎样做的，有什么情况、经验、体会，存在什么问题，今后有什么打算，对领导有什么意见、建议等，所以行文上一般都使用叙述方法，即陈述其事，而不是像请示那样采用祈使、请求等方法。

3. 行文的单向性：报告是下级机关向上级机关行文，是为上级机关进行宏观领导提供依据，一般不需要受文机关的批复，属于单向行文。

4. 成文的事后性：多数报告都是在事情做完或发生后，向上级机关做出汇报，是事后或事中行文。

5. 双向的沟通性：报告虽不需批复，却是下级机关以此取得上级机关的支持指导的桥梁；同时上级机关也能通过报告获得信息，了解下情，报告成为上级机关决策指导和协调工作的依据。

（三）报告的类别及功用

1. 例行报告（日报、周报、旬报、月报、季报、年报等）。例行报告不能变成“例行公事”，而要随着工作的进展，反映新情况、新问题，写出新意。

2. 综合报告：全面汇报本机关工作情况，可以和总结工作、计划安排结合起来。要有分析，有综合，有新意，有重点。

3. 专题报告：指向上级反映本机关的某项工作、某个问题，某一方面的情况，要求上级对此有所了解的报告。所写的报告要迅速、及时、一事一报。呈报、呈转要分清写明。

4. 按形式职能来分，一般为合同范本、领导讲话、会议发言、述职报告、心得体会、竞聘演讲、礼仪致辞、入党申请、法律文书、计划规划等。

二、报告的写作方法和技巧

（一）报告的写作格式

1. 标题，包括事由和公文名称、主送机关，发文单位的直属上级领导机关。

2. 正文，结构与一般公文相同。从内容方面看，报情况的，应有情况、说明、结论三部分，其中情况不能省略；报意见的，应有依据、说明、设想三部分，其中意见设想不能省去。从形式上看，复杂一点的要分开头、主体、结尾。开头多是导语式、提问式，给出总概念或引起注意。主体可分部分加二级标题或分条加序码。

3. 结尾，可展望、预测，亦可省略，但结语不能省。结尾处应有结束性语言，如“特此报告”一类结语，虽词语既无实际意义，也无结构作用，可以去除，保留亦可。如果写成“以上报告当否，请指示”，是错误的，混淆了请示与报告的作用。报告是无须上级回复处理的文种。同理，报告后面加附注标明“联系人”和“联系电话”也不可取。再次，写报告要避免太长，一般应控制在3000字以内。

不过还有一种呈转报告，这类报告应属于呈转性报告极易被当作请示。这种报告是下级呈送给上级并要求批转的报告。因此要写上“以上报告如无不妥，请批转各地参照执行。”最后写明发文机关，日期。

打报告要注意做到：情况确凿，观点鲜明，想法明确，口吻得体，不要夹带请示事项。

4. 请示与报告的比较

请示与报告都属于上行文，都具有反映情况、提出建议的功用，但也有其明显的不同：

（1）内容要求不同。请示的内容要求一文一事；报告的内容可一文一事也可一文数事。

（2）侧重点不同。请示属于请示性公文，侧重于提出问题和请求指示、批准；报告属于陈述性公文，侧重于汇报工作，陈述意见或者建议。

（3）行文目的不同。请示的目的是请求上级机关批准某项工作或者解决某个问题；报告的目的是让上级机关了解下情，掌握情况，便于及时指导。

（4）行文时间不同。请示必须事前行文；报告可以在事后或者事情发展过程中行文。

（5）报送要求不同。请示一般只写一个主送机关；受双重领导的单位报其上级机关的请示，应根据请示的内容注明主报机关和抄报机关，主报机关负责答复请示事项；报告可以报送一个或多个上级机关。

（6）篇幅不同。请示一般都比较简短；报告的内容涉及面较为广泛，篇幅一般较长。

（7）标题写作不同。一般来讲请示的标题中不写报告二字，就是×××关于×××××××的请示；报告的标题中不写请示二字，就是×××关于××××××的报告。

（8）结束用语不同。请示的结尾一般用“妥否，请批示”或“特此请示，请予批准”等形式，请示的结束用语必须明确表明需要上级机关回复的迫切要求；报告的结尾多用“特此报告”等形式，一般不写需要上级必须予以答复的词语。

（9）处理结果不同。请示属于“办件”，指上级机关应对请示类公文及时予以批复；报告属于“阅件”，对报告类公文上级机关一般以批转形式予以答复，但也没必要件件予以答复。

【思考练习】

1. 请示的写作特点有哪些？
2. 请示的类别分为几种？
3. 一般的请示包括哪几个部分？
4. 理解报告的概念和特点。
5. 报告与请示有哪些区别？

第十三章 总结和通知

【要点提示】

1. 掌握总结的概念、特点，并与报告相区分。
2. 掌握总结的类型。
3. 了解通知的适用范围。

第一节 总 结

一、总结的概念和特点

总结，是对某一时期的工作、学习或思想情况进行回顾、分析，或是对某一项工作进行系统的回顾、归纳、分析，并做出客观评价的书面材料。总体而言，是一种通过对工作、学习、思想情况的定期回顾、归纳、分析，反映出某些规律，用以指导今后工作的一种事务文书。在实际工作中的作用主要是可以总结经验，评估得失，把握规律；可以汇报工作，交流情况，共同提高；也可以积累史料，形成档案，以备查询。

总结大体有五个特点：1. 主体性；2. 指导性；3. 真实性；4. 理论性；5. 专业性。

二、总结的类型

在日常生活实践中，人们通常按性质、内容、范围、时间上的区别，将总结分为以下几类：一是根据内容的不同，可以把总结分为工作总结、总结正文的结构，主要采用逻辑结构形式。全面性总结根据过去一段工作中的成绩和问题，或者经验和教训的内在联系去组织材料。专题性总结以经验为轴心去组织材料。

（一）纵式结构

就是按照事物或实践活动的过程安排内容。写作时，把总结所包括的时间划分为几个阶段，按时间顺序分别叙述每个阶段的成绩、做法、经验、体会。这种写法的好处是事物发展或社会活动的全过程清楚明白。

（二）横式结构

按事实性质和规律的不同分门别类地依次展开内容，使各层之间呈现相互并列的态势。这种写法的优点是各层次的内容鲜明集中。

（三）纵横式结构

安排内容时，既考虑到时间的先后顺序，体现事物的发展过程，又注意内容的逻辑联系，从几个方面总结出经验教训。这种写法，多数是先采用纵式结构，写事物发展的各个阶段的情况或问题，然后用横式结构总结经验或教训。

主体部分的外部形式，有贯通式、小标题式、序数式三种情况。

贯通式适用于篇幅短小、内容单纯的总结。它像一篇短文，全文之中不用外部标志来显示层次。

小标题式将主体部分分为若干层次，每层加一个概括核心内容的小标题，重心突出，条理清楚。

序数式也将主体分为若干层次，各层用“一、二、三……”的序号排列，层次一目了然。

五、总结写作的注意事项

（一）要有实事求是的态度

实事求是、一切从实际出发，这是总结写作的基本原则，但在总结写作实践中，常常出现两种倾向：一种是好大喜功，搞浮夸，只讲成绩，不谈问题。有人认为“三分工作七分吹”，在总结中夸大成绩，隐瞒缺点，报喜不报忧。这种弄虚作假，浮夸邀功的坏作风，对单位、对国家、对事业、对个人都没有任何益处，必须坚决防止；另一种是将总结写成了“检讨书”，把工作说成一无是处。这两种都不是实事求是的态度。总结要在如实地、一分为二地分析、评价自己工作基础上，对成绩，不要夸大；对问题，不要轻描淡写。

（二）要注意共性、把握个性

总结很容易写得千篇一律、缺乏个性。当然，总结不是文学作品，无需刻意追求个性特色，但千部一腔的文章是不会有独到价值的，因而也是不受人欢迎的。要写出个性，总结就要有独到的发现、独到的体会、新鲜的角度、新颖的材料。

（三）要详略得当，突出重点，要写得有理论价值

有人写总结总想把一切成绩都写进去，不肯舍弃所有的正面材料，结果文章写得臃肿拖沓，没有重点，不能给人留下深刻印象。因此，写总结时一方面要抓主要矛盾，无论谈成绩或谈存在问题，都不要面面俱到。另一方面，对主要矛盾要进行深入细致的分析，谈成绩要写清怎么做的，为什么这样做，效果如何，经验是什么；谈存在的问题，要写清是什么问题，为什么会出现这种问题，其性质是什么，教训是什么。这样的总结，才能对前一段的工作有所反思，并由感性认识上升到理性认识。因此，总结的选材不能求全贪多、主次不分，要根据实际情况和总结的目的，把那些既能显示本单位、本地区特点，又有一定普遍性的材料作为重点选用，写得详细、具体。而一般性的材料则要略写或舍弃。

（四）要有正确的指导思想，要注意总结的受众，即总结的阅览者或使用者

写总结，必须要以党的方针、政策、路线为依据，正确估计实际工作情况，从中总结出能够指导现实的有价值的经验。在此基础上，还要特别注意总结的受众，即总结的阅览者或使用者的感受与领悟能力。总结的第一受众是总结的写作者本人，这将首先帮助作者本人认识所总结的经验与教训，成绩与过失。但总结还应照顾到总结的其他受众。比如技术员工的总结，如果其主要受众是不懂技术的市场人员或其他领导，那么其在总结的过程中，应尽量使用阅览者能够看得懂的语言，而非纯技术性的术语。再如，同是一篇部门经理的部门工作总结，其使用的语言既要考虑到本部门员工的知情范围（如公司财务机密等），又要考虑到上级经理的知情范围，甚至要分开来写。最重要的一点就是要把每一个要点写清楚，写明白。

度，分别写“请遵照执行”“请参照执行”“请研究执行”“请认真贯彻执行”等。

任免、聘用通知，一般写出决定任免聘用的机关、依据和相关人员的职务就行了。例如：

××××关于×××、×××等人的任免通知

×××××：

根据××年×月×日××会议研究决定。任命：

×××为××局局长，同时免去副局长职务。

×××为××处处长，同时免去××处处长职务。

××××××（公章）

××年×月×日

【思考练习】

1. 理解总结的概念和通知的适用范围。
2. 总结有哪些类型与写法？
3. 总结主体部分常见的结构形态有几种。
4. 写一篇学院学生会举办书画展览的通知。

第十四章　申　论

【要点提示】

1. 明确申论的内涵和特点。
2. 了解申论的考察内容。
3. 把握申论的写作方法。

第一节　申论的概念和特点

一、申论的概念

“申论”一词，源自孔子的“申而论之”一语。从字面来解释，“申”为引申、申述的意思，“论”为议论、论证的意思。“申论”则指针对特定话题提出自己的观点并展开论述。具体讲是指针对某个问题阐述观点、说明理由，合理地推论材料之间、观点与材料之间的逻辑关系。申论要求准确把握客观事实，做出必要的说明、申述，然后在此基础上发表中肯见解，提出策略，进行论证。

申论，是中国大陆国家公务员进行资格考试的其中一个科目。在公务员考试中，通过对设定资料的阅读，回答有关问题，考察应试者七种能力（阅读理解能力、分析判断能力、提出和解决问题的能力、语言表达能力、文体写作能力、时事政治运用能力、行政管理能力）的一种考试形式。

作为一种应试文体，申论最早出现于2000年中央国家机关公务员录用考试之中。经过几年的实践，以及专家学者们的改进与完善，申论现已成进行论证四个基本环节。

（一）阅读材料

阅读材料是指阅读所给定的材料，给定资料的字数一般在 1500 字左右，处级、司局级公务员选拔考试所给定的材料字数在 2000～3000 字左右。阅读材料是申论写作的基础环节，也是完成其他三个环节（书面答题）的前提条件，而且在时序上居于首位，不容置后。

阅读材料时要注意以下几个问题。

1. 阅读背景材料要下功夫，在时间上给予充分保证。申论考试所提供的一般都是社会性较强的背景材料。内容涉及社会生活的诸多方面。背景材料的形式也不是什么文章作品，只是些略经整理的半成品，连“事件报道”“情况简报”都够不上，因此，对给定材料的阅读一定要给予充分时间。切不可匆匆忙忙浏览一遍，不求甚解。

2. 认真解读材料，理清逻辑关系，准确把握重点。申论考试所给的背景材料涉及面广，内容复杂但重点突出。

从内容上看，申论测试的材料有两种类型：第一种，材料集中反映社会生活中发生的、有一定影响而又亟待解决的具体问题，以客观陈述为主。这类问题涉及的对象往往是双边的，具有“案例”的某些因素，但并不是一个完整的案例。第二种，材料围绕某一社会“热点”问题摘录、组装而成。它可能是影响范围很大的突发性事件，也可能是积久未解的社会“难题”，与“新闻综述”有些形似，但绝非成型的新闻综述。

从材料的组合形式上看，申论测试材料是由诸多信息“拼合”而成，这些信息大都具有相关性或连带性，整个材料不是一篇文章各则“子材料”的码放，而是错落的、杂糅的，不一定体现严格的时空顺序或严密的逻辑联系。要弄清材料反映的问题，对复杂的事件，要善于区分哪些是主要问题，哪些是次要问题；哪些是有关联问题，哪些是无关联问题；哪些是目前即可解决的问题，哪些是目前难以解决的问题。在抓住主要问题的基础上，把握给定材料所反映事件的环境和条件，做出正确判断。

（二）概括主题

概括主题是一个承上启下的重要环节。一方面，它是阅读材料环节的小结；另一方面，这个环节完成得好不好，又会直接影响到一处对策是否更具针对性，影响到将要进行的论证是否有扎实的理论基础。概括要点应注意以下几个方面：

1. 审清题意，按要求答题。申论考试所给的材料比较灵活多变，往往材料性质不同，要求也不同。有的要求“概括主要问题”，即要求把给定材料所反映的主要问题概括出来。有的要求“概括主要内容”，即要求把给定材料所反映的情况梳理清楚，予以概述。这就要审清题意，按要求作答，不要把“概括主要问题”答成“概述主要内容”，或把“概述主要内容”答成“概括主要问题”。

2. 概括主题要切中要点，紧扣材料答题。概括要点的目的，在于准确把握住给定材料，以便进一步着手解决问题。能不能有效解决面临的主要问题，取决于对复杂情况的判断是否准确。

概括主题的方法有：求同辨义法、追根溯源法、联想类推法、抽象概括法、抓关键词法、推陈出新法等，但不管使用哪种方法，都应力求使主题达到准确、深刻、有深意。

（三）提出对策

提出对策是申论写作的关键环节，是在对给定材料进行概括总结的基础上，针对材料所反映的问题，充分发挥主观能动性和综合素质，提出个人见解和主张，确定解决问题的基本方法和重要步骤，写出切实可行的解决方案。

1. 个人定位要准确。要仔细审清申论要求，看清命题者为你设定的“虚拟身份”后再作答。如 2010 年国家公务员考试“作答要求”三，“假设你是沿海某省省政府工作人员，请结合给定资料，草拟一份《关于将半岛蓝色经济区纳入国家发展战略的报告》的内容要点。”

虚拟身份就是应试者提出对策的立足点。应试者必须转换角色，在“虚拟身份”的基础上提出对策，这样才不至于在提出对策时背离申论题目的具体要求。如果忽视了这项具体要求，把自己的身份定位搞错了，所提出的对策就会“走偏”，解决问题的任务也就无法完成了。

2. 针对所存在的问题，提出合理方案。首先，要注意紧扣前面概括的主要问题拟定解决方案，要针对问题产生的现实原因、条件和具体环节，提出各种解决方法。其次，提出的方案要合情、合理、合法。一般来说，背景材料所反映的问题是明确的，其是非标准是清楚的，或者经过分析是可以得出正确结论的。这就要求提出的方案要符合一定之规，这一定之规包括社会伦理道德规范，又包括国家的法律、法规及党和国家的路线、方针、政策，要根据遇到的具体问题确定提出的解决方案的基本准则。如果给定材料提出的问题和观点存在争议，没有定论，就更需要在这方面加以注意。第三，提出的方案要有可操作性。所谓可操作的方案，应具备三个基本要素：一是“问题”要明确“归口”，要有直接能解决问题的政府部门或职能机构去处理、落实；二是要有解决问题的具体步骤、方法；三是要考虑到解决问题的实效性和必备条件。

（四）进行论证

进行论证是最后一个环节，也是申论考试的核心。它要求应试者在对材料透彻理解的基础上，抓住主要矛盾，全面阐述，论证自己的见解和观点。这是应试者的知识基础、能力水准、思想品质、文字表达等综合素质和能力的全面展示和充分体现。前面的三个环节尽管非常重要，不容有任何懈怠，但相对于最后这个环节来说，还都是积极有益的铺垫，此处的论证过程需要浓墨重彩、淋漓尽致地发挥。写作时要注意以下两个方面。

1. 抓住主要问题，确立中心论点

由于要求“就给定材料所反映的主要问题”进行论述。因此，写作时就必须立足于给定材料，从中挖掘出可资议论的中心论点，对材料中所反映的主要问题，表明自己的立场、观点。确立中心论点时，首先要注意联系社会现实，要有针对性。要在立足于给定材料所反映问题的基础上，广泛联系社会现实中相同性质的问题，从中引申归纳出自己的观点，形成中心论点，这样才具有更广泛的社会现实性，才更有意义。其次，论点要正确、鲜明、集中、深刻。论点应是从给定材料中引申出来并被社会普遍认同的观点，应能揭示问题的本质，符合客观规律；论点还要是非明确，立场坚定，有独到之处。

2. 掌握写作基本结构，写出规范合体的议论文

议论文的结构和其他文章一样，是“定体则无”，“大体须有”。“定体则无”是说文章的结构没有固定的“程式”；“大体须有”是说它有一般的规律。其基本结构如下。

（1）标题

标题拟法多种多样。可以表明论题，如《关于 MBA 的思考》；可以表明论点，如《应切实保护企业品牌》；可以设问，如《入关给我们什么》；

可以祈使，如《愿中国有更多的海尔》；可以用介宾结构，如《当你横穿马路时》等。

（2）正文

提出问题：可引用或概括原材料，可渲染烘托背景，也可直接标明观点主张等。

分析问题：分析产生问题的主客观原因、后果（结果）或影响问题的因素等。

解决问题：提出意见建议或肯定行之有效的办法。不简单重复提出对策部分的答案，应巧妙改写，融入议论成分，使之更像一篇文章而不是某个问题的条款答案。

论证部分的写作应该在深入思考、运筹帷幄的基础上进行，最好事先列一个简要的提纲，做到胸有成竹，行文流畅，并要注意论题鲜明、重点突出、线索清晰、详略得当。论证的具体方法有：例证法、引证法、对比法、比喻法、类比法、归谬法。

二、申论写作应注意的几个问题

1. 必须注意申论不是通常所说的命题作文。申论，分为三个部分，分别是从一系列杂乱的材料中归纳出其反映的主要问题；给出解决主要问题的方法或措施；展开论述，形成一篇文字。这其中既包括了作文的内容，也包括一定的分析能力、行政工作经验的考核。从实践上来看，具有一定工作经验的同志考公务员，一般来说申论易得高分。

2. 要提高归纳能力。申论所提供的材料，一般来说其顺序是错乱的，需要按一定的逻辑次序进行排列，然后，从中分析出主要的问题，找出贯彻首尾的红线，“注意”，是主要问题，对于偶有涉及的其他问题，要忽略。

3. 注意学习行政工作中常用的惯用语。这些惯用语可以放之四海而皆准。比如，无论解决什么问题，都可以采用下列措施：领导高度重视，统一思想，提高工作人员素质，健全组织，完善制度，严厉奖惩等。掌握了这些就可以不变应万变了。可以多看一下报纸上的社论，了解行政机关的文件内容和格式。

4. 一定要在写作前列出提纲。不要想到哪写到哪，切记磨刀不误砍柴功。当然，提纲不一定要写出来，只要在心中拉出一个框架就可以。

5. 要注意写作的条理性，表达要清楚。可以在每一段的第一句上下功夫，使全文中各段的首句形成并列句。

6. 注意卷面整洁度。

【思考练习】

1. 何为申论？其具体内涵是什么？

2. 申论具有哪些特点？

3. 申论的结构和写作程序是什么？

第十五章　网络博客

【要点提示】

1. 博客的概念：指作者在网站博客中发表的传达信息、发表意见的具有日志特点的文章。

2. 博客写作中的注意事项。

第一节　博客的概念

博客由英文单词 Weblog 音译得来，Weblog 由 web 和 log 两个单词组成，中文意思即网志或网络日志。博客在台湾，则音译成“部落格”“部落阁”或“部落客”。

博客一般由不定期张贴新的文章的网站构成。博客上的文章通常根据张贴时间，以倒序方式由新到旧排列。博客的作者既可以是个人，用来表达个人的想法和心得，也可以是群体作者，以单位或组织的名义发布，表达某一共同领域内集体的内容或信息。

博客的内容比较随意，没有什么限制，可以是作者个人对时事新闻、国家大事的个人看法，也可以是作者对一日三餐、服饰打扮的精心料理等。可以是对其他网站的链接和评论，也可以是有关公司、个人、构想的新闻到日记，甚至照片、诗歌、散文，小说的发表。另外博客内容也可以是在某一共同主题的情况下由一群人集体创作的内容。

从博客内容看，博客并不能简单定位为网络日记。因为网络日记是个人性质的，而博客则既可以是个人性质的，也可以是集体性质的。博客的内容也不仅仅是个人思想的表达和日常琐事的记录，其内容可以是集体意愿的表达，也可以用来进行交流或为他人提供帮助，具有一定的共享性。博客的性质更像是对网络进行实时讯息的传递。

博客的形式大部分以文字为主，或者结合了文字、图像、视频等形式，还可以包括对其他博客或网站以及其他与之内容相关的媒体的链接。博客可以让读者以互动的方式进行留言，这是博客的一种重要的交流方式。博客大部分以文字为主，也有一些博客以艺术、摄影、视频、音乐等为主题。博客是社会媒体网络的一部分。

第二节　博客的发展及分类

一、博客在中国的发展

博客 2000 年开始在中国出现，其发展经历了两个阶段。2000 年至 2004 年为博客发展的初始阶段。2005 年至今，为博客发展的普及化阶段。从 2005 年，新浪、搜狐等国内各门户网站，开始提供博客服务，博客进入大发展时期。截至 2011 年国内博客用户已经超过 2 亿，博客得到普及，成为中国网民重要的互联网应用工具之一。

博客写作越来越得到重视。2008 年出版的博客文集《十三亿》，反映了中国发生的重大事件和普通民众的一些日常生活，引起很大的反响。现在，一些网站每年都推出自己的博客文集。

二、博客的分类

博客形式多样，按照不同的分类标准，可以分成不同的类别。

1. 按功能分可以分为基本博客和微型博客

基本博客是博客中最基本的形式，一般是作者对于特定的话题提供相关的资源，发表简短的评论。这些话题几乎可以涉及人类的所有领域。

微型博客即微博，是目前应用最多的博客形式，博客作者不需要撰写很复杂的文章，而只需撰写 140 字（这是大部分的微博字数限制，网易微博的字数限制为 163 字）以内的文字即可。

2. 按用户分，可以分为个人博客、商业博客和其他组织博客。个人博客是指以个人名义注册并管理使用的博客。商业博客是指以商业和广告为目的的博客，多为企业通过博客进行公关传播，或者对产品进行营销传播或客服服务等等。其他组织博客是指不以盈利为目的的其他单位或组织注册使用的博客，如政府博客等等。

3. 按存在方式分附属博客和独立博客。附属博客是指将自己的博客作为某一个网站的一部分，无须自己注册域名、租用空间和编制网页，只要去免费注册申请即可拥有的自己的博客空间。独立博客是指采用独立域名和网络主机的博客，既在空间、域名和内容上相对独立的博客。独立博客相当于一个独立的网站，而且不属于任何其他网站。

第三节　写作博客时应注意的问题

一、传递真实的信息

博客可以迅速、便捷的传递信息，但作者在发布信息时必须发布真实信息，不能弄虚作假或夸大事实。博客尤其是微博使每个人都可以成为信息的发布者，因而微博具有了发布新闻事实的功能。并且在当今网络迅速发展的情况下，由于微博的准入门槛低、互动性强、快捷方便等特点，微博的信息传播是爆炸式的，具有强大的传播力，传播速度非常快。因此，如果微博作者发布虚假信息，因为微博信息的即时性和传播过程中的聚变性再加上大众的从众心理，微博发布的虚假信息就可能迅速演化成大的舆论，扰乱网络传播秩序、混淆社会舆论视听，必然会对新闻事实造成影响，反而不利民众获得真实信息，也是对人们知情权的误导。

例如 2011 年的“抢盐风波”就跟微博发布的虚假信息有关。2011 年 3 月 11 日日本发生地震后，微博上关于此次地震的信息非常多。随着事态的发展，一些虚假信息在微博上开始出现。其中一条就是地震导致当地核电站爆炸，有关核辐射即将进入中国的谣言。这条消息转发速度非常快，因而越来越多的微博用户相信核辐射真的要到来了。接下来谣言焦点转变为如何防范核辐射，而防范措施中重要的一点就是指出碘可以防辐射，于是出现了很多不明真相的群众开始囤积碘盐，严重影响了社会正常秩序。

既然通过博客发布虚假信息影响如此大，那么作者在通过博客发布信息时就一定要注意鉴别消息的真伪，尽量使自己不发布也不盲目转发虚假信息。同时，尤其要注意的是，一定不能为了获得大众的关注而恶意发布虚假信息制造谣言。

二、表达真情实感

很多作者通过博客记录自己的心情。需要注意的是，通过博客表达自己的心情首要的是表达真情实感，而不在于字数的多少。博客上的心情日志可长可短，有话则长，可以是洋洋洒洒的心情文章，无话则短，也可仅寥寥数语。

三、具有社会责任心

博客尤其是微博通过其发布信息并快速传播可以起到舆论监督的作用，在进行舆论监督时通过与传统媒体的互动结合可以起到更好的效果。微博的兴起为舆论监督提供了新的手段。微博作者数量众多，而且来自各个年龄、职业、地域等，并且微博的作者同时又是其他微博的受众。这使得微博本身信息传播的速度快，互动性强。因此，微博为相关部门提供了一条获取信息的渠道；微博也为公众提供了一条监督官员、举报腐败的便捷途径；同时也可以为新闻媒体的舆论监督提供相关的新闻线索。故而，微博在舆论监督中发挥出越来越重要的作用。

四、守住法律道德底线

博客写作要防止侵犯他人隐私、侵犯版权的行为。对某些人、某些事发表评论，都要注意到“度”，不超越法律或道德的底线。

微博发布信息的环境更宽松，传递信息也更直接、更迅速，不易被拦阻，并可以与受众互动。这些对于舆论监督来说是其优势，但微博的作者大多为一般大众，再加上字数的限制，发布的信息多为只言片语呈现出碎片化信息。这使得微博的受众对于消息的真实性和详细程度渴望加强，因而还是比较希望通过传统媒体获得正确权威的信息。因此，微博应该与传统媒体互相取长补短。微博发挥其高度开放性、信息资源的丰富性、信息传播的方便快捷以及互动性等优点。而传统媒体发挥其公信力和影响力方面的优点，与微博形成互动，互相配合，必然能够对舆论监督发挥重要的作用。

【思考练习】

1. 选择一个大型门户网站开设自己的博客。

2. 找一个微博传递信息的案例，思索微博如何方便快捷地传递信息。

3. 找一个通过微博进行舆论监督并成功的案例，思索如何使微博更好地发挥舆论监督的作用。

附录：推荐阅读书目

理论部分

1. 刘知几：《史通·叙事》
2. 陆机：《文赋》
3. 司空图：《诗品》
4. 叶燮：《原诗》
5. 李渔：《闲情偶记》
6. 刘大櫆：《论文偶记》
7. 金圣叹：《读第五才子书法（水浒传）》《读第六才子书法（西厢记）》
8. 毛宗岗：《读三国志法》
9. 来裕恂：《汉文典·文章典》
10. 林纾：《春觉斋论文》
11. 方东树：《昭昧詹言》
12. 李扶九、黄仁黼：《古文笔法百篇》
13. 周振甫：《文章例话》《诗词例话》
14. 丁玲、老舍等：《作家谈创作》
15. 中国作家协会鲁迅文学院编：《名家谈创作》
16. 朱光潜：《咬文嚼字》
17. 李泽厚：《美的历程》
18. 叶朗：《中国小说美学》
19. 丹尼尔·平克：《全新思维》
20. 史蒂芬·金：《写作这回事》

21. 雪莉·艾里斯《开始写吧！——非虚构文学创作》
22. 杰里·克利弗《小说写作教程》
23. 马丁：《当代叙事学》

作品部分

1.《论语》
2.《诗经》
3.《唐诗三百首》
4.《宋词三百首》
5. 罗贯中：《三国演义》
6. 吴承恩：《西游记》
7. 施耐庵：《水浒传》
8. 曹雪芹：《红楼梦》
9. 兰陵笑笑生：《金瓶梅》
10. 汤显祖：《牡丹亭》
11. 王实甫：《西厢记》
12. 关汉卿：《窦娥冤》
13. 许仲琳：《封神演义》
14. 钱彩：《说岳全传》
15. 石玉昆：《三侠五义》
16. 熊大木：《杨家将演义》
17. 佚名：《说唐传》
18. 冯梦龙：《喻世明言》《警世通言》《醒世恒言》
19. 凌濛初：《初刻拍案惊奇》《二刻拍案惊奇》
20. 蒲松龄：《聊斋志异》
21. 刘鹗：《老残游记》
22. 沈复：《浮生六记》
23. 李汝珍：《镜花缘》
24. 鲁迅：《阿Q正传》
25. 巴金：《家》
26. 老舍：《四世同堂》《茶馆》

27. 曹禺：《雷雨》
28. 梁斌：《红旗谱》
29. 林语堂：《红牡丹》
30. 金庸：《射雕英雄传》《笑傲江湖》
31. 路遥：《平凡的世界》
32. 陈忠实：《白鹿原》
33. 铁凝：《玫瑰门》
34. 姜戎：《狼图腾》
35. 孙犁：《孙犁文集》
36. 徐志摩：《徐志摩诗集》
37. 艾青：《艾青诗选》
38. 冰心：《繁星》《春水》
39. 席慕蓉：《无怨的青春》《七里香》
40. 余光中：《余光中诗集》
41. 北岛、顾城：《北岛顾城诗选》
42. 杨朔：《杨朔散文选》
43. 余秋雨：《文化苦旅》
44. 列夫・托尔斯泰：《安娜・卡列尼娜》
45. 契诃夫：《契诃夫短篇小说选》
46. 屠格涅夫：《前夜》《猎人笔记》
47. 狄更斯：《双城记》
48. 席勒：《阴谋与爱情》
49. 海涅：《德国——一个冬天的童话》
50. 巴尔扎克：《高老头》《欧也妮・葛朗台》
51. 雨果：《巴黎圣母院》
52. 莫里哀：《伪君子》
53. 果戈理：《钦差大臣》
54. 莎士比亚：《哈姆雷特》《罗密欧与朱丽叶》
55. 梅里美：《梅里美小说选》
56. 欧・亨利：《欧・亨利短篇小说选》
57. 海明威：《老人与海》《永别了，武器》

58. 马克·吐温：《镀金时代》《马克·吐温短篇小说选》
59. 泰戈尔：《飞鸟集》《古檀迦利》
60. 马尔克斯：《百年孤独》
61. J. K. 罗琳：《哈利·波特》（系列小说）
62. 罗伯特·兰登：《达·芬奇密码》
63. 格林兄弟：《格林童话选》
64. 安徒生：《安徒生童话选》
65. 库恩：《希腊神话》
66. 民间故事集：《一千零一夜》
67. 小仲马：《茶花女》
68. 大仲马：《基督山伯爵》
69. 柯南·道尔：《福尔摩斯探案集》
70. 阿加莎·克里斯蒂：《东方快车谋杀案》
71. 塞林格：《麦田的守望者》
72. 方振宇、赵红毅：《影响你一生的名校励志演讲》
73. 东西文库：《十三亿》（2008 博客选集）
74. 李志题主编：《给理想一点时间》（2011 凤凰网博文精选）

后　记

近几年，大学写作教育经过30年的发展，趋向于平稳的状态。带些反思式的回顾，发现许多写作教科书中，为了将其做成“理论”，大量吸收其他学科诸如哲学、心理学、语言学等知识或引进传播学、符号学等所谓的一些先进理论，使写作教育多少有了脱离实际的倾向。

写作可以成为“学”，也可以成为“理论”。但其终归是一种实践性的课程，是应用性的课程。在概念、原理上不管如何翻新花样，都代替不了它实用性、实践性的特点。

我国是一个写作成就辉煌的国家，写作理论的研究也取得辉煌的成果。尤其是在近代和现代史上，许多写作经验的介绍和分析性的研究，似乎都不在当代研究之下。所以，继承我国写作理论的传统，适当吸收今天的研究成果，就成为编写这本教材的宗旨。

教材的编写者有长期的写作教学经验和写作实践，其中不乏一些创建性。但由于教材抛砖引玉和普遍性的意义，所以内容上就采用通行的概念、原理，只是加强了实践练习方面的引导。

编者的排名不分先后顺序。李世前编写第一章、第二章、第八章、第九章和第十五章；何蓓编写第五章、第六章、第十章和第十一章；张艳梅编写第十二章、第十三章、第十四章；梁志林编写绪论、第三章、第四章和第七章，并负责统稿工作。

一本成熟的教材，需要在接受读者反馈的基础上，经过多年的反复使用和修改；一本成功的教材，不仅在大学里可供学生使用，也应该成为学生工作后重要的参考书。我们真切希望做到这一点，也希望读者提出宝贵的意见和建议。

编者

2012年8月